# 历史 沿革

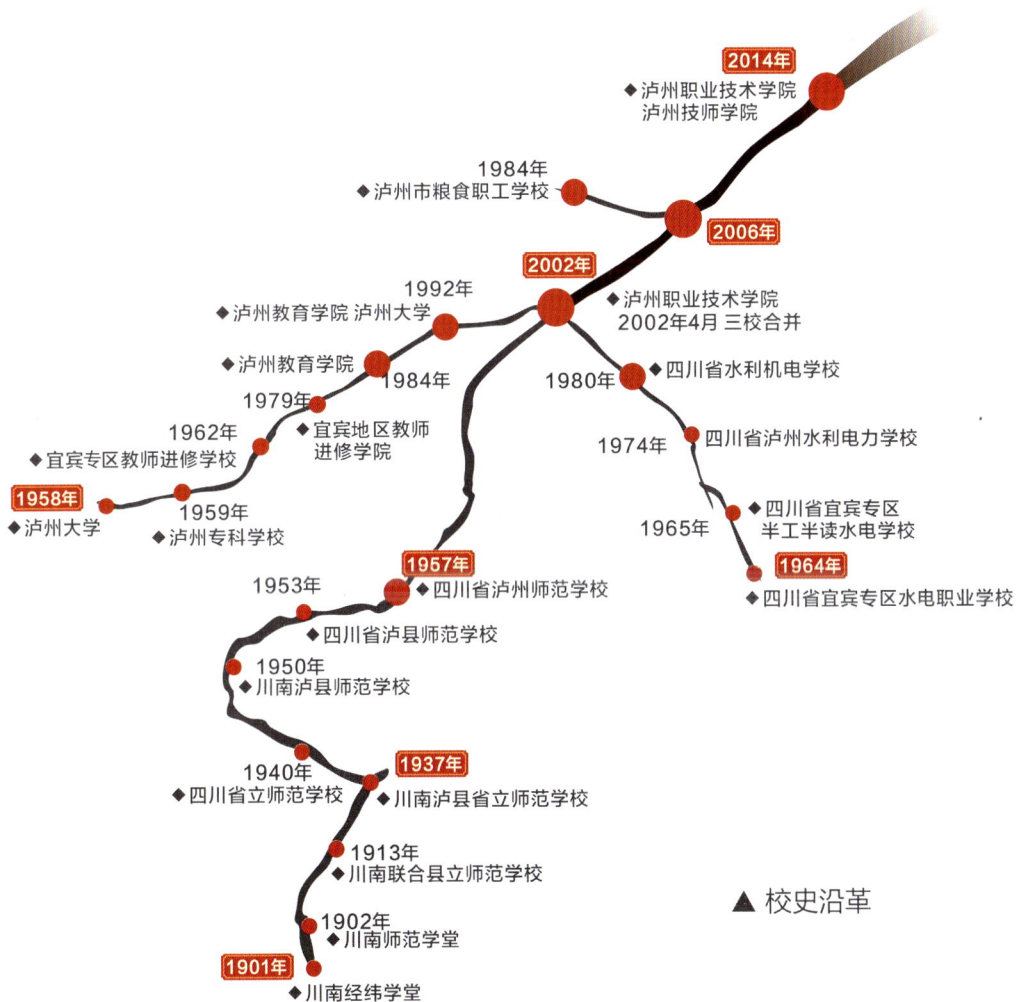

**2014年**
◆泸州职业技术学院
泸州技师学院

1984年
◆泸州市粮食职工学校

**2006年**

**2002年**

1992年
◆泸州教育学院 泸州大学

泸州职业技术学院
2002年4月 三校合并

◆泸州教育学院

1984年

四川省水利机电学校

1980年

1979年

◆四川省泸州水利电力学校

1962年
◆宜宾专区教师进修学校

宜宾地区教师
进修学院

1974年

**1958年**
◆泸州大学

1959年
◆泸州专科学校

1965年

四川省宜宾专区
半工半读水电学校

**1964年**
◆四川省宜宾专区水电职业学校

**1957年**
四川省泸州师范学校

1953年

◆四川省泸县师范学校

1950年
◆川南泸县师范学校

**1937年**

1940年
◆四川省立师范学校

川南泸县省立师范学校

1913年
◆川南联合县立师范学校

1902年
◆川南师范学堂

▲ 校史沿革

**1901年**
◆川南经纬学堂

校训　崇德　博学　尚俭　笃行

校风　崇德尚学

教风　乐道善育

学风　知行合一

**校徽注解：**

1.整个徽志以红色为主体色，用以呈现大革命时期学校二十余位师生殒身不恤的革命精神，寓意学校文化以红色传统为底蕴，以红色文化为滋养，以红色基因为根脉。

2.整个徽志图形为圆形，象征着学校的团结、和谐；外环上方为学校校名"泸州职业技术学院"，为书法家金运昌手书；下方为学校校名的英译名。

3.徽志圆环内的图形为核心内容：

（1）上方二横为川南师范校门门檐的变体，第三横中间1901是指学校的发端，即建于1901年10月21日的川南经纬学堂；三横的设计，代表了学校2002年由泸州师范学校、泸州教育学院、四川水利机电学校三校合并组建的历史篇章。

（2）下方为一个闭合性基座结构，左右为大写字母"L""Z""Y"，即学校简称"泸州职院"的拼音字母；字母中间是"经纬学堂"中"经纬"二字的篆书变体。

（3）川南经纬学堂首任校长赵熙在谈及川南经纬学堂校名时说："为学当为上下古今之学，不为耳目尺寸之学，此纵也；为学当为大通世界之学，不为拘守方隅之学，此横也。纵是经，横是纬。"今天，"经纬"寓意学校致力于培养高素质复合性人才。

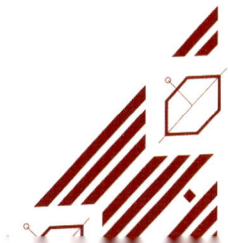

# 泸州职业技术学院赋

何开四

浩浩大江苍茫，馥馥桃李芬芳。江阳古城，毓秀钟灵，百年学府，源远流长。辛丑办学，名昭经纬，惟赵熙之发曚，顺应潮流，追求进步，乃玉阶之光扬。长忆代英治校，革故鼎新，传播革命火种，毋忘英杰授业，激浊扬清，书写教育华章。学子莘莘，竹苞松茂，红色岁月，意气昂扬。或激扬文字，传承文脉，穷物理，写华章。或金戈铁马，叱咤风云，缚苍龙，射天狼。沧桑共风云同在，校史与国史齐光。凌烟高阁，几多英烈垂千古，大地丰碑，长存浩气壮炎黄！

贞下起元，山河同晖，杏坛葳蕤，气象峥嵘。更喜改革开放动天地，学府喜迎第二春。嗟乎，大时代呼唤大手笔，大变革酝酿大转机。弘扬光荣传统，趁潮展翼，整合教育资源，高瞻周览，鸿猷大举，桴鼓时代大潮。二江会津，凤凰瓦窑杜家街，三校合一，泸大泸师水电校。千禧晋元，壬午呈祥，东风夜放花千树，泸州职业技术学院盎然出焉。

上下同欲，励精图治，老校新机，高歌猛进。融入社会，因地制宜，助推区域发展；创业为务，质量立校，知行合一，学风何莘莘，崇德、博学、尚俭、笃行，校训何谆谆。内涵建设，创新发展，泸州职院，其命维新。四合四共联姻政园企校，五位一体优化产学研用。发扬优势，人文与科技并举，放眼四海，办学共世界会通。硕果累累，几度夺魁京华，双高院校，彰显创建之功。其发展之快，教学之优，辐射之广，就业之高，允称同业翘楚而引领风流者也！

嗟乎，百年学府，山水开画境；万千学子，弦歌立文心。龙溪水碧，映照黉宫巍峨；绿荫环抱，依稀四季如春。诗意校园，生态美景，桃之灼灼，松柏苍苍。文化地标，良有以也！

今夕何夕，月涌江流。星光弥天风猎猎，代英楼前思悠悠。少年壮志冲霄汉，中华振兴耀千秋。大江东去连天碧，看我泸州职院，日新月新岁岁新！世纪栋梁，舍我其谁，大国工匠，我辈担承。

春华秋实一百载

泸州职业技术学院校史校情读本

主编 熊剑 副主编 陈千百

重庆大学出版社

**图书在版编目（CIP）数据**

春华秋实一百载:泸州职业技术学院校史校情读本
/ 熊剑主编. -- 重庆：重庆大学出版社，2012.11
（2021.10重印）
ISBN 978-7-5624-7090-8

I.①春… II.①熊… III.①泸州职业技术学院—校
史 IV.①G719.287.13

中国版本图书馆CIP数据核字（2012）第261064号

# 春华秋实一百载

——泸州职业技术学院校史校情读本

主 编 熊 剑
副主编 陈千百

责任编辑：蹇 佳 版式设计：蹇 佳
责任校对：刘志刚 责任印刷：赵 晟

*

重庆大学出版社出版发行
出版人：饶帮华
社址：重庆市沙坪坝区大学城西路21号
邮编：401331
电话：（023）88617190 88617185（中小学）
传真：（023）88617186 88617166
网址：http://www.cqup.com.cn
邮箱：fxk@cqup.com.cn（营销中心）
全国新华书店经销
重庆升光电力印务有限公司印刷

*

开本：787mm×1092mm 1/16 印张：13 字数：197千 插页：16开2页
2012年11月第1版 2021年10月第3次印刷
ISBN 978-7-5624-7090-8 定价：38.00元

# 再版序

　　雨果说:"历史是过去传到将来的回声,是将来对过去的反映"。从1901年经纬学堂创办始,学校至今已120年历史。120年,于浩渺宇宙固弹指一瞬,于学校却是漫漫征程。120年来中国历经前所未有之大变局,中华民族经历了刻骨铭心的磨难,在中国共产党领导下进行了感天动地的奋斗,创造了彪炳史册的伟业。学校120年的历史恰逢这样一个风云变幻的时代,其内容之繁复、内涵之丰富,非只言片语可叙述,难一时能穷尽周全。

　　学校历史,起于清末民初救国图存,兴于红色革命艰辛步履,扬于民族复兴崭新世纪。

　　沈秉坤、高楷、周善培共筹"川南经纬学堂",赵熙、赵藩、温筱泉等接力擘画,为上下古今之学、大通世界之学,破除陈腐,力倡新学,培养出吴玉章、谢持、曹笃、黄复生、胡兰畦、金丽秋、曾德林、黎英海等优秀人才。朱德、恽代英等革命先驱和有识之士在川南师范传播马克思主义,建立革命组织,开展革命活动,萧楚女、李求实、刘愿庵、谢啸先、余泽鸿、曾润百、陈泽煌等革命志士撒播红色火种、铸就不朽丰碑,红色基因厚植丹青。新中国成立后,泸州师范学校、泸州教育学院(泸州大学)、四川省水利机电学校,顺应国家建设号召,发挥各自优势,培养专门人才,成为业内引领者。新世纪以来,学校抢抓国家职教发展战略机遇,汇三校、迎评估、创示范、争优质、建双高,开拓发展新征程。

　　近年来,学校内凝心力、外拓空间;下夯基础、上争高远。师资队伍引智挖潜、内涵建设快速积淀、合作办学广开门路、产教融合阔步向前、硬件建设日新月异、人才培养迈上新阶、教学成果不断涌现,学校排名迅速提升,校园文化蔚然大观,学校焕发出勃勃生机。

回顾过去，百余年来，学校师生上下求索、初心不忘，校风赓续传统，薪火相继。透视煌煌历程，可见其心，矢志不移，可察其力，久久为功；可感其势，恢弘久远。堪称百余年来家国奋起之缩影、民族复兴之写照。然当今世界，临百年未有之大变局，民族复兴，孕千年未见之新机遇，学校正处于逆水行舟、不进则退的关键时刻。进，则上慰先贤学长，一展学校今日之风采；退，则无颜江东，难辞失职之咎，此当不可一日不牢记于心，不可一日不铭刻于骨。

许慎《说文解字》有言："史，记事者也。从又持中，中正也。"学校校史校情读本于2012年正式出版，然由于时间久远、世事变迁，遗漏乃至错误确属难免。近年来，学校持续对120年的历史进行研究和挖掘，补充遗漏，纠正错误，以期尽可能还原历史原貌，鉴古知今，烛照未来。今年，学校了解到湖南省图书馆存有唯一的清刻本《川南经纬学堂学律》，遂请省、市相关部门沟通协调，获得了扫描电子件，制作了仿古线装书，找到了学校百年办学的起源力证，特别是《川南经纬学堂学律》明确了"为多难，为无材，乃兴学"的办学初衷，明确了"经纬者，以古为经，以今为纬；以中为经，以外为纬；以文为经，以武为纬。经者，体也；纬者，用也。兼者完，一者弊"的办学宗旨，让我们可以更准确理解辛亥办学的兴学之义，也可更好促进我们思考今之教育去向何方。

经天纬地双甲子，守正创新铸未来。在此登高望远的历史节点上，学校校史读本再版，此乃凝聚众人之力、响应师生之盼、回馈校友之期，宣示学校之志也。

此序。

泸州职业技术学院党委书记

2021年9月

# 序　言 ..........................................................

　　当我翻开《泸州职业技术学院校史校情读本》的时候，正是学校全体师生员工众志成城、踌躇满志开展四川省示范性高职院校建设的时候。"和风诵咏百年弦歌，岁月洗却历史铅华"，我知道，我不只是信手打开一部读本，我打开的是既有百年文化底蕴又承载着现代气息的泸州职业技术学院那绚丽多彩的历史画卷，耳畔仿佛传来泸职院学子激越昂扬的青春放歌。

　　与所有历史研究的成果毫无区别，《泸州职业技术学院校史校情读本》力图"以信立本，以达为要，以雅传世"，为我们真实地重构从1901年的川南经纬学堂到川南师范，到泸州师范学校、泸州教育学院、四川水利机电学校三校合一的泸州职业技术学院一幕幕壮丽的历史场景。虽然，我们还不能够说，这部倾注了校内众多研究者心血而成的《泸州职业技术学院校史校情读本》完全达到了信史的要求。但是，回首泸州职业技术学院110余年的风雨兼程，借助朴实无华的文字，我们完全能够与先辈进行一种跨越时空的情感交流和思想对话，怎能不让我们无穷的自豪感和使命感油然而生。

　　"巨海纳百川，麟阁多才贤"，泸州职业技术学院110余年的历史是一壶清冽的美酒，更是一幅壮美的画卷；是一面澄澈的明镜，更是一面辉煌的旗帜，是一种集体的记忆，更是一种博大的胸怀。借助于《泸州职业技术学院校史校情读本》强烈的文字穿透力，泸州职业技术学院的历史在我们的眼前浮现，更在我们的脑海激荡，我们看到、听到、感悟到学校的先行者对社会的奉献、对生活的挚爱、对理想的渴求、对人生的执著……

阅读《泸州职业技术学院校史校情读本》，一方面如同穿越一座琳琅满目的历史走廊。作为泸州职业技术学院的院长，我仔细品味着恽代英、黄方、萧楚女、李求实、刘愿庵、余泽鸿、曾润百、张霁帆、肖世奇、王诚意、陈泽煌、谢啸仙、穆世济、徐经邦、刘道权、廖维华、梁业广、王彦家、陈江、梁康全、龚级门等革命烈士为追求民主和进步反对黑暗和压迫所表现出的大无畏英雄气概，恽代英、赵熙、温筱泉、朱德、阴懋德、何白李等知名校长治校的严谨、方法的灵活及成就的突出，谢持、曹笃、吴玉章、陈漱云、金丽秋、杨兆蓉、李琴鹤、胡兰畦、王介平、曾德林、黎英海、先开金、李国正、蒋志成、蒋先玉等知名校友的卓越成就。另一方面，又如同在丈量学校从2002年经过三校整合到今天创建省级示范性高职院校初步成功的非同寻常的路径，如同翻阅泸州职业技术学院近几年所绘制的精美绝伦的画卷。经过全校教职员工十年来的艰苦跋涉，学校师资力量、办学水平得到极大提高，教学设施、文化设施、体育设施、生活设施和教学仪器设备不断完善，和谐校园、人文环境得以构建，教学名师不断涌现，办学规模不断壮大，这些成绩一一呈现在我们的眼前。作为泸州职业技术学院的院长，我为学校所取得的一系列成就感到骄傲和自豪，同时也对学校以后的发展及建设四川省示范性高职院校感到责任的重大和使命的庄严。

　　英国哲学家培根说过："读史使人明智。"对于每一个泸职院人来说，悠久的历史为昨天和今天的我们烙下了不可磨灭的印记，必将与明天的我们如影随形。置身于泸州职业技术学院今天生机盎然的改革发展洪流中，瞻望泸州职业技术学院明天更加辉煌的前景，从泸州职业技术学院的发展历程中汲取心灵的养分，寻找精神的慰藉，发掘

........................................................................

力量的泉源，从而令我常思，催我奋进，这正是我们编写《泸州职业技术学院校史校情读本》的目的和现实意义之所在。

大学文化、大学精神是作为科学策源地、文化发祥地、人才群聚区、社会智力库、知识辐射源的高等学府独具一格的思想观念和价值体系，而校史文化、校史文存则是每一个高等学府经年累月所积淀的思想宝库和精神家园。秉承"适应社会需要，培养专业技能，造就优秀人才"的办学理念更是明天校史文化的精髓。在我看来，《泸州职业技术学院校史校情读本》与学校校史陈列室及规划建设的泸州职业技术学院历史文化长廊，为我们打造的就是弥足珍贵的文化精品，提供的就是醇厚丰美的精神盛宴，更是具有丰富内涵的泸州职业技术学院校史文化和校情文化的立体化呈现。泸州职业技术学院校史文化和校情文化是传承泸州职业技术学院一以贯之的理想信念和精神风貌的"超媒介"，必将激励和鞭策着泸州职业技术学院世代莘莘学子沿着前人的光辉足迹昂首前行。透过《泸州职业技术学院校史校情读本》全书的字里行间，我们可以毫不夸张地说，蕴涵其中的泸州职业技术学院校史文化和校情文化将是伴随我们一生的无形资产和宝贵财富。

泸州职业技术学院院长、教授

2012年8月

# 目录

# 瀘州職業技術學院

職業技術學院

# 第一部分 学校总览

# 一、办学定位

泸州职业技术学院是经四川省人民政府批准、国家教育部备案的综合性公办普通高等学校。以全日制高职专科学历教育为主，兼顾成人学历教育、中外合作学历教育和社会培训。具有接收外国留学生资质和聘请外教专家资格。

# 二、悠久历史

学校的前身是川南经纬学堂，成立于1901年，是四川第一所"新学"。清翰林院国史馆编修、晚清第一词人赵熙为首任校长，朱德、恽代英等曾在这里辛勤耕耘，培育出吴玉章、曾德林、黎英海等知名校友。

# 三、主要荣誉

四川省"双高"院校

四川省优质高等职业院校

四川省示范性高等职业院校

国家级高技能人才培训基地

全国职业院校数字校园建设实验校

全国职业院校民族文化传承与创新专业示范点高校

国家级现代学徒制试点单位

四川省普通高等学校毕业生就业工作先进单位

四川省文明校园

# 四、办学条件

学校坐落于激流澎湃的长江之滨、沱江之畔，开设46个高职专科专业，在校生15000余人，占地1344亩。

学校建有中央财政支持建设实训基地2个（电子电工实训基地、建筑工程实训基地），国家级生产性实训基地1个（工程造价生产性实训基地）；投资1.2亿元、建筑面积20000平方米的区域共享性产学研用一体化实训基地——成渝双城经济圈川南公共实训基地；投资80000000元，与北京哥大诺博集团共建的川南最大的诺博幼儿园——泸州市经纬诺博幼儿园；投资2.8亿元，按五星级标准与首旅集团共建的产教融合生产性实训基地——首旅建国饭店；投资2.4亿元，按四星级标准与洲际酒店集团共建的泸州首家国际品牌酒店——龙涧假日酒店。建筑面积2200平方米的一体化教师发展中心、厅市共建的"大学科技园"、馆藏图书1448500册的现代化图文信息中心、恒温游泳馆、室内体育馆、阅读公园、休闲书吧，温馨舒适的标准化宿舍、食堂，为师生提供了一流的学习生活保障。

# 五、师资队伍

学校现有教职工723人，其中博士40人，教授44人，国际系统与控制科学院院士1人，国务院特殊津贴专家2人，四川省首批"天府万人计划"专家1人，省级学术和技术带头人后备人选7人。来自10个国家、26个省的外籍、外省及留学归国教师127人。聘有第十二届全国政协委员、财政部财科所原所长贾康，中华诗词学会副会长、第六届鲁迅文学奖诗歌奖得主、四川大学教授周啸天，央视《百家讲坛》主讲嘉宾、重庆大学博士生导师曾国平等兼职教师307人。建有院士工作站1个、省级"双师型"名师工作室2个。

近年来，教师完成省部级科研项目201项，获全军科技进步奖3项、专利

128项；获省级教学成果奖3项、省级教育科研成果奖22项。教师在教学能力大赛、辅导员素质能力大赛等省级以上教师技能大赛中获奖120余人次。2020年，学校获"高职院校北大核心期刊发文量50强"。

高层次人才签约仪式

# 六、合作交流

学校立足泸州、面向川渝、辐射全国，积极深化产教融合、国际合作，按照"专业+产业"的思路，对接泸州"三大千亿"产业发展，重点建设酿酒技术、大数据技术、机电一体化技术、电子信息工程技术、电子商务、学前早教等专业群。创新实施"1+1+1"专业建设模式，即1个专业对接一个大型国企或上市公司，对接一个本科院校、科研院所或行业协会，学校与中国酒业协会、郎酒、泸州老窖、哥大诺博、华为、国信蓝桥、阿里巴巴、吉利汽车、洲际集团、豪能科技等龙头企业及重庆两江新城、苏州工业园区等合作成果丰硕，毕业生高端就业达50%，海外就业达10%。

国家级高技能人才培训基地

中华人民共和国人力资源和社会保障部

国家职业技能鉴定所

中华人民共和国人力资源和社会保障部

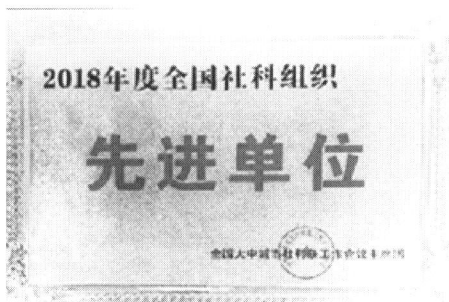

2018年度全国社科组织

先进单位

全国大中型社科组织工作会议专用章

四川省示范高职院校

四川省教育厅　四川省财政厅

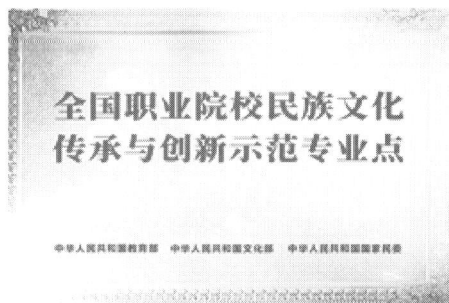

全国职业院校民族文化
传承与创新示范专业点

中华人民共和国教育部　中华人民共和国文化部　中华人民共和国国家民委

证书

泸州职业技术学院：

被评为"四川省文明校园"，特发此
证予以表彰。

四川省精神文明建设委员会
2020年12月

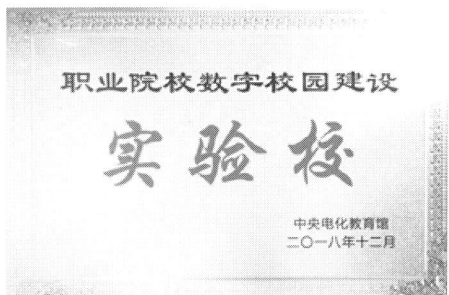

职业院校数字校园建设

实验校

中央电化教育馆
二〇一八年十二月

四川省普通高等学校毕业生就业工作

先进单位

四川省教育厅
二〇一三年三月

## 七、教学科研

学校有教育部认定骨干专业3个（学前教育专业、市场营销专业、机电一体化技术专业），中央财政支持建设专业2个（学前教育专业、汽车检测与维修技术专业），国家级现代学徒制专业1个（酿酒技术专业），全国职业院校民族文化传承与创新示范专业点1个（艺术设计专业），国家1+X试点证书17个。建有省级精品资源共享课程2门、省级精品在线开放课程4门、省级思政课程示范课程1门、省级课程思政示范课程5门，完成省级教改项目15项。教师发表核心期刊论文450余篇（EI和ISTP收录近40篇）。

学校高度重视学生专业技能及综合素质培养，学生先后在美国大学生数学建模竞赛和交叉学科建模竞赛、全国移动互联网应用软件开发大赛、全国大数据技术与应用大赛等技能竞赛中获奖1100余人次，其中省级一等奖以上240余人次，涌现出共青团第十八次全国代表大会代表林佳，中国大学生自强之星、四川省勤学奋进新青年林厚坤等一大批优秀学生。

## 八、社会服务

学校建有国家职业技能鉴定所，能承担机械及制造、电子电工、建筑等18项职业技能鉴定。学校立足泸州、面向四川、辐射滇黔渝，积极开展继续

工业和信息化部人才交流中心中德西南智能工业机器人产学研示范基地揭牌

中国酒业学院国家品酒师培训开班典礼

学校重点合作项目集中签约仪式

学校与首旅建国校企合作签约仪式

教育和职业培训,是"国家职业核心能力培训认证项目培训基地""全国职工教育培训示范点""国家级高技能人才培训基地""四川省专业技术人员继续教育基地""省委组织部大学生村干部创业培训基地""四川省技师学院联盟理事长单位""四川省统计人才培训基地""市委组织部农村基层干部培训基地",合作成立了"国家技术转移西南中心泸州分中心""泸州乡村振兴同心学院",每年承担各类社会培训近30000人次。

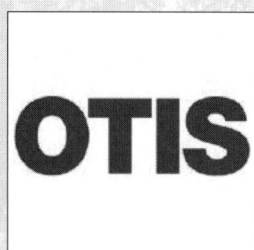

校企合作企业（部分）

泸州职业技术学院

职业技术学院

青年需努力

永矢励寒魂

泸州职业技术学院

云台校区

# 第二部分  校史沿革

## 一、学校沿革

### （一）从川南经纬学堂到川南师范（1901—1949）

清光绪二十四年 (1898)，戊戌变法失败，康有为、梁启超出走，"六君子"被杀。"六君子"之一刘光第的灵柩从北京运回原籍富顺赵化，途经泸州，川南有识之士，集会吊唁，无不义愤填膺，抨击清政之腐败。自此，川南有识之士图治之念萌生，主张兴学堂以介绍西学，开始关注学校师资的培养。

光绪二十七年 (1901)，清廷与西方列强签署了丧权辱国的《辛丑条约》，中国彻底沦为半殖民地半封建社会，国内人民反抗斗争也愈加强烈。满清政府为了缓和人民的反抗斗争，同时也为了加强抵御外侮的力量，不得不采取一些改良的措施。这当中就有废八股、办学堂、停科举、设学部、明定教育宗旨

等等。川南地区几个历史悠久的学校，就是在这种情况下开办起来的。

首先开办起来的就有川南经纬学堂（1901）；其次是泸县中学（1903）；再其次是泸县县立女中（1906）。

光绪二十七年（1901），泸州知州沈秉坤（字幼岚，湖南省善化县人）约同在乡的内阁中书高楷（字绰然，号拙凡，四川省泸县人），以及从日本考察新政归来的学人周善培（字致祥，号孝怀，浙江诸暨市人），共同集资白银五千余两筹办学堂。报请川南永宁道尹黄立鳌立案，呈准四川总督锡良，于10月21日正式创建"川南经纬学堂"，校址始设在泸州试院（原四川省公安管理干部学院），聘任丁忧在籍的清翰林院国史馆编修赵熙（字尧生，号香宋，四川省荣县人）为监督（注：1912年1月19日，民国临时政府教育部发布《普通教育暂行办法通令》和《普通教育暂行课程之标准》两个教育改革令：从前各项学堂，均改称为学校；监督、堂长一律通称校长），周善培为总教习，向楚、冉慈为分教习。

1902年，道尹黄立鳌将创办情形呈报清廷，交礼部会议决定改称"川南师范学堂"，为当时下川南道所辖泸州、资州、叙府、永宁厅四属二十五县所共有，学校迁入川南书院（今泸州市水井沟梓橦路小学所在地，川南书院建立于1868年），监督为赵熙。（注：在今天泸州市水井沟梓橦路小学校园内，仍留存着川南师范学堂校门，校门上为赵熙先生书写的"川南师范学堂"）。学校成立时办学宗旨是"求新于旧"，主张改革，破除旧书院的陈腐规章，改

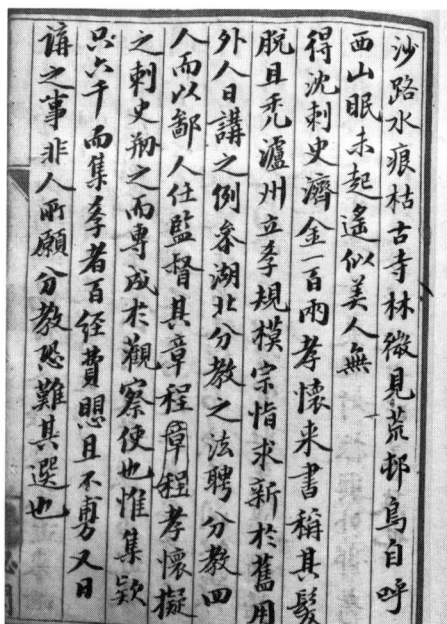

赵熙日记述其受聘为川南经纬学堂监督等事宜

变教习内容，聘请外籍教师教习。这些举措广泛受到当时向往新思想的青年人的欢迎。

川南师范学堂是当时下川南道二十五县培养小学教师的唯一学校,是川南地区人才汇集的最高学府。学校培养出众多心怀救亡图存信念的青年志士,为中国新民主主义革命输送了许多出类拔萃的人才,所育弟子精英辈出,成为川南地区青年追求进步,学习新知识,传播新思想、新文化的重要阵地。吴玉章、谢持、公孙长子、杨兆蓉、黄方、曹笃、陈澂云、金丽秋、李琴鹤、黄复生、黄鹿生、宋师度、刘泗英、李白虹、陈翰珍等均是此时期毕业的校友。1921年恽代英来校工作以后,积极传播马克思主义,建立革命组织。川南师范成为了当时川南地区革命运动的摇篮,大批师生加入革命组织,投身革命活动,为以后配合红军长征和与反革命进行斗争打下了坚实基础。

　　川南师范学堂校名历经数次变更,1913年遵当时教育部的规定,川南师范学堂更名为"川南联合县立师范学校",此后有一段时间改"川南联合县立师范学校"为"川南共和县立师范学校";抗战时期疏散下乡,后又改为"川南泸县省立师范学校";1940年改为"四川省立师范学校";1950年2月合并泸县县

川南师范学堂校门

立师范，仍名"川南师范学校"，由川南行署文教厅直接领导；后又改称为"川南泸县师范学校"。

川南师范校址变迁较大，从1901年创办经纬学堂后的50多年间，先后共迁徙10余次。1901年川南经纬学堂创办时在泸州试院，1902年始迁入水井沟川南书院。1927年下期，反动政府因为学校出了不少革命人物，有所恐惧，命令停办，后经校友多方奔走，始于1928年下期复办，校址曾一度设在泸州城内三道拐福音堂内。1934年，校长王沂（字宗陵）因水井沟旧址年久失修、不堪使用，以押金500元，租洋800元，与盐运使署租佃盐局衙署改造建新校舍（限二十年满约），1935年5月迁入。抗战爆发后，为躲避日军轰炸，学校于1939年迁至泸县安贤乡（今兆雅镇）乡下燕子岩，中途曾迁回一次。1945年抗战胜利后，又迁返城内盐局（今泸州市大云路市委党校所在地），直至解放。1950年2月，泸县县立师范自忠山迁来合并。同年6月，学校迁至泸州南门外瓦窑坝原泸县县立中学校舍（四川化工职业技术学院原所在地）。1951年2月，学校迁至城内中平远路原峨岷中学（泸州老窖天府中学江阳区澄溪口原校址所在地）。1953年在泸州市南门外永丰桥附近的南山（今泸州一中所在地）新修校舍，后迁入。

川南师范泸县兆雅镇燕子岩旧址

## （二）三校建设（1950—2002）

### 1.泸州师范学校

泸州师范学校校门

　　1950年上期，川南师范在中华人民共和国成立后开学了。新时期学校的课程设置、教育宗旨、教育目标发生了很大变化。学校根据国家规定取消了国民党时期设置的公民课、童子军教育、地方自治、农村经济合作等课程，代之以新人生观、共同纲领、社会发展简史以及农民翻身运动、抗美爱国等时事政策教育。

　　1951年3月，教育部第一次全国中等教育会议制订了中等教育工作方针，提出："整顿和适当发展师范学校，中等学校的宗旨和教育目标是使青年一代在智育、德育、体育、美育各方面获得全面发展，使之成为新民主主义社会自觉的积极的成员。"

　　1951年8月，教育部合并召开了第一次全国初等教育和第一次全国师范教育会议。会议提出争取10年内基本上普及小学教育，5年内培养百万名小学教师的任务；确定师范教育当前的工作方针是正规师范与大量短期培训相结合。

1952年下期根据政务院改革学制的决定，中师招收初中毕业生，修业年限为三年，同时附设师范速成班，修业一年；附设小学教师进修班。在政策的指导下，学校教学工作开始步入有序状态，成立了各学科教研室；学习苏联分段教学法；语文、数学使用高中教材，其他学科参照使用中学教材或自编讲义。1952年14个教学班，有三年制中师7个班、美师1个班、初师1个班，一年制师训2个班，中师程度半年制短师1个班，中师程度半年制幼师1个班，少数民族师资训练班1个班，共有学生632人。

1953年行署并省，川南泸县师范学校由四川省教委命名为"四川省泸县师范学校"。1957年12月4日，更名为"四川省泸州师范学校"一直沿用到2002年三校合并。1953年至1957年，学校的各项工作都转移到以教学为中心上来，教学工作的任务就是提高教学质量。

1958年至1959年，受"大跃进"生产运动的冲击，教学秩序已极不正常。1960年更开展了教育大跃进。本着"三高一大"的发展潮流，上级对师范学校提出了"今年打基础，明年超普高，后年根本改变面貌"的要求。泸州市委紧急召开了文卫系统火线整风会议。根据会议精神，泸州师范订出目标："在一年内，一年级超普高，二年级赶普高，三年级能胜任初二教学，力争胜任初三教学"，并掀起"学泸高、赶泸高、坚决超泸高"的群众性"百千万"教改运动，提出"过五关斩六将"的口号。

1961年下期，学校贯彻"八字"方针，对教育教学工作进行调整。到1963年，教学工作得到全面恢复。1964年至1965年，教学工作主要是精简教材，减轻学生负担。

1966年至1969年，泸州师范4年未招收学生，完全停课。泸州师范正式恢复招生是在1972年。教育部自1969年撤销后，到1971年4月才成立国务院教科组，1972年开始恢复国家教育计划。根据国家"重点是抓好农村小学教育"的计划，自1972年起，泸州师范按宜宾地区下达的计划，大量招收工农兵学员。1972年招收6个班共288人，1973年招收12个班共603人，1975年招收8个班共384人，1976年招收7个班共374人。学生都是各地从生产队、大队、公社、区、县层层推荐来的工农兵学员，年龄、知识水平参差不齐，学制均为2年。

"文化大革命"时期，学校办学的指导思想是毛泽东主席的"五七指示"。按照这个指示，中师学制由三年缩短为两年；遵"学军"的指示，学校建立民兵营，年级为连，班级为排，教学内容、计划充分体现"学工""学农""批判资产阶级"的性质。这样的教学内容再加以不断的革命大批判，教学秩序紊乱，课堂纪律松弛，根本谈不上教学质量。

"文化大革命"后，随着中共十一届三中全会的召开，全国工作重心转移到经济建设上来，全国教育工作取得了突飞猛进的发展，泸州师范的教育教学工作开始步入正轨。

1980年8月，教育部发布了《关于办好中等师范学校的意见》和《中等师范学校规程（试行草案）》。1980年12月，四川省教育厅确定泸州师范为四川省首批重点师范。20世纪80年代，学校发动

泸州师范学校校园一角

全校师生忆校史、讲传统，形成了"崇德、博学、尚俭、笃行"的新校训。1985年，由校友中国音乐学院副院长黎英海校友作曲、教师谢守清作词创作了新校歌。在教育教学工作中，学校面向农村办校，坚持"一针对、二重、三结合"的基本思路和"两制一挂钩"的保障机制，加强教育教学改革，办学质量一年一个台阶。学校成为中国—联合国儿童基金会"90—94周期合作加强师资培训项目单位"。1994年被国家教委确认为办学标准化学校。

## 2.泸州教育学院（泸州大学）

1958年，泸州和全国其他地区一样经济迅速发展，急需各类建设人才。根据中共中央、国务院《关于教育事业管理权力下放问题的规定》中"新建高等学校和中等工科技术学校，凡能自力更生解决问题的地方，可自行决

泸州教育学院（泸州大学）校门

定……""省、市、自治区政府报告中央教育部备案即可"的精神，经四川省委、省政府同意，泸州地委和专署决定创办泸州大学。

泸州大学设三年制工科和两年制师范科。工科由泸州化工厂党总支书记罗民先负责筹建，设化工无机工艺、机械制造、冶炼3个专业，暂设在泸州瓦窑坝化工学校内；师范科由吴汉负责筹建，设汉语言文学、数学、物理化学3个专业，暂设在泸州小市原工农干校校部。除在1958年全国高校统一招生中录取外，还在中等师范学校毕业的优秀生中保送部分入校，各专业均招生40人，6个专业共计240人。

泸州大学建校时的教师来源从三方面解决：一是从泸州地区各中学抽调；二是从各大学支援调来一批教师；三是高等学校毕业生分配来校。师范科课程全部由本校教师担任；工科部分课程由泸州化工校教师兼任。中共泸州地委、泸州专署、省高教局积极为泸州大学选配干部、教师，对学校所需经费、教学图书、仪器设备均按专业设置需求给予全力支持，并确定泸州市瓦窑坝原初师校址作校地，又从附近生产队征划土地供建校使用。经过一年多的努力，泸州大学已发展成为拥有一批骨干教师、50000册图书，有普通物理、化学实验室的高等学校，教学井然有序，学习风气浓厚。

1959年，中共中央、国务院下发《关于整顿1958年新建的全日制和半日制高等学校的通知》，省高教局调整全省各地、市新建高校，"泸州大学"调整为"泸州专科学校"，省高教局颁发铜质校印，并进行专业调整：师范科设汉语言文学、数学、物理、化学、俄语5个专业；工科的机械制造专业调整到宜宾专科学校；冶炼专业调整到重庆大学。又将宜宾专科学校的化工专业和绵阳专科学校的化工专业调整到泸州专科学校，设化工有机合成与无机工艺两个专业。全校共设两科7个专业，招生纳入全国高等学校统一招生计划，1959年录取新生248人，加上原在校生共500余人。

1959年春，泸州专署给泸州专科学校征划地40多亩，新建32间教室的教学大楼，学校有教学研究室、图书馆及无机化学、有机化学、分析化学、普通物理等实验室，有能容纳500名学生的食堂和宿舍，新建了教师宿舍、行政办公室、会议室等，基本解决了教学、生活、行政用房，同时建设了篮球场4个、排球场1个。设在化工校的化工科和设在小市的师范科都迁至瓦窑坝原校址。程鸿文任党委副书记，罗民先任副校长（主持工作）。学校设党委、团委、行政办公室、教务科、人事科、总务科、生产科等并配齐了干部，设立7个专业并配备了相应教师。

泸州专署将泸州市一中作泸州专科学校附中，为师范科各专业学生见习、实习的场所。由泸州专科学校派干部、教职工10多人，充实附中师资力量。

1960年，中共泸州地委、泸州专署合并到中共宜宾地委、宜宾专署。根据省、地指示，宜宾专科学校师范科的汉语言文学、数学两个专业，工科的机械制造专业，农科的农学专业合并到泸州专科学校。宜宾专科学校党委副书记许汝涛调任泸州专科学校副校长，同时调来的还有干部和教师30多人。

在泸州专署地址（原泸州市经济管理干部学校）设泸州专科学校分部。分部设汉语言文学、数学、化学、化工有机合成、无机工艺5个专业；瓦窑坝本部设数学、物理、机械制造、农学4个专业。全校共有工、农、师等9个专业，成为一所综合性的专科学校。

泸州专科学校从1960年起，为泸州、宜宾、自贡、内江、贵州等地输送毕业生700多人，他们中很多人后来成为教育战线、工厂、农场、机关的骨干，有的还成为各级领导干部。

1962年困难时期，国民经济进行调整，经省、地决定，泸州专科学校停办。泸州专科学校附中恢复为泸州市一中。泸州专科学校200

宜宾专科学校小学行政班结业合影　1960年

余教职工部分调往省内高等学校，部分调往地区内中学，部分教职工调整到宜宾地区教师进修学校，校舍、图书150000册，实验设备及其他物资设备调整给宜宾地区教师进修学校。泸州专科学校作为宜宾地区教师进修学校校址。

宜宾专科学校庆祝建党39周年合影　1960年

从1958年到1977年的19年中，因"文化大革命"及"社教"运动的影响，学校停止教学长达8年之久。"文革"中校舍、仪器、设备、家具、图书资料损失严重。但是，由于空军部队借驻学校，以及学校广大干部和教职工的保护，使损失有所减少。

1979年，"宜宾地区教师进修学校"更名为"宜宾地区教师进修学院"。

1983年省辖泸州市成立，宜宾地区教师进修学院划归泸州市管辖。1984年2月，经四川省人民政府批准，报国家教育部备案，将"宜宾地区教师进修学院"更名为"泸州教育学院"。

1984年至1992年，是泸州教育学院事业大发展时期，学校采用离职进修、函授和业余函授等多种办学形式，开展了在职初中教师大专学历补偿教育培训，共培养师范类成人大专毕业生2723人；1985年举办党政

泸州教育学院85级物理函授专科班毕业生合影　1988年

干部专修科班和文秘专修科班，培养非师范类成人大专生198人；1986年至1989年招收四届两年制普通师范专科定向生，培养毕业生303人；1988年，新增计算机应用、教育管理等10个专业，共招收学生355人。1992年，泸州教育学院与古蔺、叙永达成了培养协议：1992年至2001年，每年为两县培养116名普通师范专科生。

1992年至1997年，是泸州教育学院事业发展的中兴时期。1993年秋学校在籍学生总人数达到3300多人，在籍学生总人数与在职教职工总人数之比为21：1。其后数年，学校全日制学生每年均在1200人以上，到1997年秋，学校各种层次的全日制班级达到33个。其间，学校成人高等教育也呈现出空前发展的局面。在这六年期间，共毕业成人师范类大专生1877人，使泸州市在职初中教师的大专学历达标率由建市前的8%上升到70%以上；中学校长岗位培训和提高培训共结业369人；在职初中教师专科后继续教育共结业1020人。

泸州建市后，为了振兴经济，推动社会进步，泸州市人大代表和政协委员多次提案，提议筹建泸州地方大学。1992年3月19日，中共泸州市委、泸州市人民政府联合下发了《关于建立泸州大学有关问题的通知》，并于同年10

月28日召开了"泸州大学第一届新生开学典礼暨泸州大学成立大会"。泸州大学重建后,与泸州教育学院实行两块牌子,一套班子,一套人马,联合办学的体制,经过三年多的发展,到1995年秋,已初步形成具有一定办学规模,融成人高等教育与普通高等教育于一体的综合性地方普通高等学校。

泸州教育学院(泸州大学)通过这一时期办学的实践,形成了自己一系列的办学新思想和特点:一是在拓展办学事业方面,提出了"立足高教,服务普教,面向职教,拓宽成教"的兴校战略;二是在办学内涵方面,制定了"双服务"的方针;三是在办学管理方面,确立了"三从严""三坚持""四育人"的原则;四是在校训方面,竭力弘扬"开拓、进取、求实、奉献"和"校兴我荣、校衰我耻"的奋发向上的精神;五是在教学改革方面,普通师专教学全面推行"主辅修别",非师范类教学重视应用型人才素质的培养。1997年4月,四川省教委"教育学院专家评估组"对泸州教育学院进行了为期五天的全面检查评估,泸州教育学院被评为全省14所教育学院优秀等级第一名。到2001年秋,泸州教育学院各种门类和各种层次的在籍学生达到4530人。

### 3.四川省水利机电学校

1961年,中央提出了"调整、巩固、充实、提高"的八字方针,国民经济得以逐渐恢复。鉴于农业是国民经济的基础,水利是农业的命脉,中共四川省委提出"以机电提灌为主,提蓄结合,综合利用"的农村水利建设方针,要求宜宾、绵阳、乐山、南充、涪陵、内江、江津、达县8个专区,各举办一所水利电力学校,培养能工能干的水利建设中等技术人才,以适应农村水利建设的需要。1964年3月31日,四川省水利电力厅发出《关于开办水利电力职业学校有关问题的通知》([64]水电人字第036号),要求各专区水利电力局,根据中央和省委关于积极发展职业教育的精神和水利电力事业发展的需要,与各专区文教局商量,将开办水利电力职业教育的方案于4月10日前报省水利电力厅,以便综合上报。

1964年4月8日,宜宾专区水利电力局、文教局经过协商并报经中共宜宾地委同意,以《关于举办四川省宜宾专区水利学校的报告》([64]教中字

四川省水利机电学校校门

第131号），联合上报省高教局、教育厅、水电厅。省高教局、教育厅、水电厅接到宜宾专区水电局、文教局的《报告》后，随即转报四川省人民委员会。1964年5月，四川省人民委员会以川文办字第0312号文批准举办四川省宜宾专区水电职业学校，并下达学校当年招生指标200名。

由于工作安排上的原因，宜宾专区水电职业学校的筹建工作被推迟，暑假中未能按期招生，四川省人民委员会下达的招生指标由宜宾专区招生办公室暂时保留。中共宜宾地委于1964年9月决定加快学校筹建步伐。地委书记邓自力亲自协调，抽调时任宜宾农校副校长的骆习礼负责筹建工作，要求尽快开学。1964年10月初，在邓自力主持下，经宜宾地委组织部、宣传部、农工部、宜宾专区水电局、文教局等部门负责人研究，抽调20余名同志，赶赴泸州市开办学校。中共宜宾地委指定骆习礼主持学校全面工作。1964年10月17日，"四川省宜宾专区水电职业学校"印章启用，学校宣告正式成立。

由于统一招生时间已过，学校经请示中共宜宾地委批准，并征得中共泸州市委的同意，用四川省人民委员会下达的当年招生指标，在泸州小市民办中学和民办陵园中学两所学校的初中三年级学生中择优录取新生200名。

1964年12月1日,学校首批新生正式开学行课。

学校建校之初,校舍、设备极其简陋,条件十分艰苦。学校仅有破旧楼房四幢、平房一幢。学生用的是泸州市文教局调来的破旧书桌板凳,教师用的办公桌椅是从宜宾专区园艺科学研究所和四川省水稻高粱研究所借来的破旧家具。教职工初到时连睡觉的床也没有,许多人只能睡在破旧的楼板上或者打地铺。师生吃饭没有食堂,不得不端着饭碗随处站着或蹲着就餐。面对一系列困难,全校师生发扬艰苦奋斗、勤俭建校的精神,自己动手,肩挑手拖,拆掉危房,利用旧材料盖起简易食堂,逐步改善生活条件。

学校开学不久,就遵照上级指示,实行半工半读的教学制度,在1965年到1966年上半年的一年多时间内,师生们边完成教学边劳动。部分学生在老师带领下,先后参加了合江电站、纳溪大洲驿电站、叙永电站、泸县农机厂等处的修建。三位教师带领一个班学生完成了从泸县福集电站到富顺古佛煤矿12公里10千伏高压输电线路和古佛线路在梨子林垂直接至泸县前程煤矿4公里10千伏高压输电线路的勘测设计任务。另一部分学生在老师带领下,完成了宜宾吊黄楼至八九九厂的8公里10千伏高压输电线路勘测设计任务。师生们在劳动和勘测设计实践中,跋山涉水,冒严寒,顶酷暑,不怕苦不怕累,精心勘测,缩短线路,节省投资,受到建设工地领导和职工的赞扬。通过劳动,既解决了学生的部分伙食费,也在实践中培养了学生的专业思想和专业技能。

1966年6月,"文化大革命"开始,教学工作受到严重影响,学校被迫停课,停止招生。

1974年,学校恢复上课,学校教育教学工作步入正轨。为落实国家大力发展水电政策对建设和管理人才的需求,1981年,学校开设了水电站电力设备专业,并确定了"做强电专业"的基本方针;学校还拓宽办学门路,先后设置了电力电器、家用电器维修、用电管理、农村实用机电技术、水利工程建筑、电气技术、机电一体化、计算机及应用等专业,逐步构建了以水利机电为主,其他相关专业搭配的较为完备的专业体系。

此外,学校还先后开展了短期培训班和联合办学培训班。

表1 学校举办短期培训班和联合办学培训班情况一览表

| 时间 | 联合办学单位 | 培训班 |
|---|---|---|
| 1980年 | | 水电系统干部培训班、技工培训班 |
| 1980年 | | 泸州市市属工厂技术人员制图训练班 |
| 1986年 | | 泸县粮食局职工工业会计培训班、企业管理培训班 |
| 1990年 | | 土建技术培训班 |
| 1990年 | 泸州财贸校 | 财政税收专业中专班 |
| 1993年 | | 电器、机械专业培训班 |
| 1996年 | | 电气运行培训班 |
| 1996年 | 泸州热电有限责任公司 | 热电动力专业成人中专班 |
| 1998年 | 乐山市旅游学校 | 旅游专业培训班 |
| 1998年 | 古蔺职业高中 | 工业与民用建筑、电气技术、微机技术及应用三个专业成人中专班 |
| 1998年 | 重庆市石蟆中学 | 教学班 |
| 1998年 | 四川机械职工大学 | 机电一体化专业大专自考班 |
| 1999年 | 成都水电职工大学 | 电力系统及自动化专业成人高教证书班 |
| 2000年 | 南充职工大学 | 大专自考班 |

四川省水利机电学校在其39年历程中,曾经三次更改校名,两次改变隶属关系。1964年10月开办时,定名为四川省宜宾专区水电职业学校,由宜宾地区水电局主管。1965年12月,更名为"四川省宜宾专区半工半读水电学校"。1974年,经

水电校75级毕业照  1977年

四川省革委会批准,又更名为"四川省泸州水利电力学校"。1980年11月,学校收归四川省水电厅直接领导管理,再更名为"四川省水利机电学校"。1984年6月,学校移交省辖泸州市人民政府,由泸州市水电局主管。

## （三）泸州职业技术学院（2002—　　）

为适应新时期社会主义现代化建设需要，顺应高等教育发展和管理体制改革的潮流，四川省人民政府于2002年4月批准由原泸州教育学院、泸州师范学校和四川省水利机电学校合并组建泸州职业技术学院。学校在各级领导的大力关心支持下，在筹备组的精心努力下于2002年9月26日正式挂牌成立，学校的历史从此翻开了新的一页。

学校成立以后，经历了2002年至2003年的磨合期，2004年至2006年的办学水平评估建设期，2007年至2014年的四川省示范性高职院校建设期，2015年至2017年的四川省优质高等职业学校建设期，2018年开始的跨越发展期。其间在2006年，原泸州市粮食职工学校并入学校。2014年2月，学校接受了四川省人社厅组织的专家组对学校申办泸州技师学院的评估检查。2014年6月，经四川省人民政府批准，同意学校设置增挂泸州技师学院。2014年8月，时任四川省人社厅厅长王建军莅临学校考察并亲自为泸州技师学院揭牌。2017年学校被评为四川省优质高等职业学校。2021年9月，学校获评四川省"双高"院校。

学校接受申办技师学院评估检查

时任四川省人社厅厅长王建军（中左一）与时任泸州市委副书记曹建国（中右一）为泸州技师学院揭牌

在四川省委教育工委、省教育厅和泸州市委、市政府的正确领导和大力支持下，学校全面贯彻党和国家的教育方针，紧紧抓住高等教育大发展和国家加快发展职业教育的机遇，经过全院教职工的不懈努力，学校各项工作取得了长足进步。特别是学校以示范性高职学校建设为契机，解放思想，凝聚共识，用改革的意识、开放的理念、创新的举措、实干的精神，艰苦奋斗，砥砺前行，推动了学校的跨越式发展，谱写了新的辉煌篇章。

泸州职业技术学院原校区校门

泸州职业技术学院东华校区南门

# 二、专题记述

## （一）川南师范的红色岁月

### 1.共和志士，丹心汗青

　　1901至1920年，川南师范受辛亥革命和新文化运动的影响，学校各方面产生了深刻的变化，培养了大批革命志士和教育人才。1919年"五四"运动爆发，川南师范联合泸县中学等学校成立了"川南学生联合会"，组织师生上街游行，高呼"外争国权，内惩国贼"的口号，抵制日货并集中焚烧，得到社会各界积极响应。

这个时期川南师范涌现出大批革命志士：吴玉章、谢持、公孙长子、杨兆蓉、黄方、曹笃、陈漱云、金丽秋、李琴鹤、黄复生、黄鹿生、宋师度、刘泗英、李白虹、陈翰珍。他们组织"输新社"，宣传民主革命，并先后加入中国同盟会、社会主义青年团等进步组织或共产主义组织，参加各种革命活动（辛亥广州起义、成都起义、武昌起义、永宁起义、泸州起义、江安起义等等），为了民族振兴，为了人民解放，为了国家富强不怕牺牲、勇于奉献。

## 2.代英高亮节，更树马列根

1920年底，川军第2军第9师师长杨森进驻泸州，就任泸永镇守使兼永宁道尹。杨森极力标榜民主，提出建设"新川南"口号，启用一批进步的知识分子为教师，聘请卢作孚为教育科长。卢作孚因陈凊推荐，聘请王德熙为川南师范校长，恽代英为川南师范教务长。1921年10月11日，恽代英满怀革命激情，乘"同和"轮由武汉溯江而上，30日抵达泸州，到川南师范就任。

恽代英到川南师范后，发现川南师范虽校舍简陋，但"校内气象颇好"，因而激起他高昂的热情。恽代英在给友人的信中写道："到川南师范学校以后，我发现这里出乎意料地具备了好些前所未有的有利条件。我之所指'有利'，并非校舍、设备而言，此方面，可谓极差。校舍乃一庙宇，操场也无，图书、仪器十分缺乏。我高兴的是学校有一种蓬勃的景象。"1922年春，王德熙调离，4月，恽代英任校长。

在川南师范担任校长期间，恽代英一方面宣传新文化、新思想，确立川南师范"教育标准"，致力于教育教学改革，倡导"劳工神圣"。一方面组社建团，传播革命火种。他组织"学行励进会"，组织"讲演团"，秘密组织"马克思主义研究会"。恽代英还组建了四川第一个社会主义青年团组织——社会主义青年团泸县支部，为在四川发展革命力量、建立党团组织奠定了基础。

泸州白塔（报恩塔）广场        中国社会主义青年团泸县支部成立忠山凉亭旧址

恽代英以无产阶级革命家的胆略和气魄，大刀阔斧地革除教育弊政，提倡平民教育和社会教育，倡导新民主主义文化，传播革命思想，使革命思想深入人心。川南师范学生在大革命时期、抗日战争及解放战争中展现的革命英雄气概，正是恽代英在川南师范努力的结果。恽代英执教川南师范仅两年多时间，带来了新思想、新观念、新变化，传播了革命火种，学校发生了翻天覆地的变化。

### 3.红色记忆，英烈丰碑

轰轰烈烈的大革命时期和土地革命时期，川南师范的师生不仅积极参与学校教育的改革，而且以战斗的姿态，同全国人民一道，向着帝国主义列强的侵略、向着封建军阀和国民党新军阀反动统治进行了坚决的斗争，为川南地区革命斗争的发展作出了重要的贡献。从1924年大革命运动爆发，到1937年抗日战争爆发，川南师范吸引和造就了恽代英、萧楚女、刘愿庵、李求实、刘力劳、余泽鸿、陈泽煌、曾润百、张霁帆、肖世奇、王诚意、王彦家、穆世济等大批彪炳史册的革命志士，建立了可歌可泣的英雄业绩，为川南师范校史增添了耀眼的光彩。这批革命志士用鲜血染红了这片英雄的土地。忠山常青，大江长流，人们将永远铭记这些英雄的革命烈士。

泸州起义纪念碑

## 4.抗战艰难日，奋起救亡时

抗战时期，川南师范处于变动、搬迁之中。1939年上期，为躲避日机轰炸，川南师范由城里迁往距城20公里的兆雅镇乡下燕子岩，历时5年之久。1944年川南师范迁返城内盐局旧址不到一年，11月初，国民党军在衡阳失利，桂林、柳州、南宁、宜山先后沦陷，年底贵州境内的独山失陷，西南震恐，川南师范再次迁返燕子岩，又历时一年之久。学校几经搬迁给师生生活和学习造成了种种困难。在艰难的办学条件下，教师们坚持严谨教学；学生们秉承"救国不忘读书，读书不忘救国"的精神，坚持刻苦求知。在这民族灾难深重的时期，川南师范的进步师生在学校地下党组织的领导下，奋然投身于抗日救亡运动，成立川南师范特别支部开展抗日宣传活动，成立抗日义卖会，积极响应冯玉祥的救国献金运动，使恽代英时期的光荣革命传统在新的历史时期发扬光大。

川南师范泸县兆雅镇燕子岩旧址

## 5.冲破黑暗，迎接解放

抗日胜利后，全国又被卷入国内战争的硝烟中，以聚敛钱财为目的的国民政府大量发行纸币搜刮民脂民膏，全国人民生活在万劫不复的苦难深渊。这一时期的川南师范却以其严谨的学风、高质量的办学水平享誉全川，远近求学者云集而来，学校规模迅速扩大。1949年，学校学生规模达到1196人，这是学校建校以来的最大规模。在极其恶劣的政治经济境况下，学校能保持高速发展，唯靠学校那不为风雨所动的优良办学传统。期间的几任校长，如江东之、蒋成垫、李希仁等，多为儒雅之士，精于管理，善于调动人气，令师生于一箪食一瓢饮的清贫中教学不息；一方面"反内战、反饥饿、反迫害"，另一方面"求真理、求知识、求发展"。

1949年11月，川南师范地下党组织得知国民党欲将军训学生拉到隆昌云顶寨抗击解放军，立即组织学生疏散回家，同时成立护校委员会，由毕业班学生何世鸿担任主任委员，组织部分教师、工友、学生，共百余人站岗放哨保护学校。12月3日深夜，解放军由小市渡沱江进城，护校队到会津门列队欢迎，从此，泸州解放。泸州的解放使川南师范获得新生。

刘邓大军解放泸州

## （二）泸州职业技术学院建校纪实

2000年，根据国家对高等教育、中等师范教育结构调整的思路和集中资源以最有效的方式建设高校的战略方针，结合泸州市实施西部大开发战略和两个文明建设对各级各类人才的需求，中共泸州市委、泸州市人民政府决定合并泸州教育学院、泸州师范学校、四川省水利机电学校，筹建泸州职业技术学院。

在泸州市委、市政府的领导下，在三所学校全体员工的共同努力下，经过两年奋战，泸州职业技术学院申报迎检工作于2002年取得成功。新学校是经四川省人民政府批准、国家教育部备案的全日制综合性普通高等院校。

2002年9月26日上午，学校隆重地举行了建院庆典暨挂牌仪式，500多位宾朋和全院5000余师生济济一堂。庆典由时任学校党委书记的周伯骐主持。

四川省政府柯尊平副省长向新学校成立发来贺电。大会宣读了四川省人民政府关于建立泸州职业技术学院的批文。四川省教育厅李卓明处长宣读中共四川省委教育工委关于学校主要领导的任职文件。

授牌仪式后，四川省政协副主席陈杰、省委教育工委委员姜树林分别发表了热情洋溢的讲话。

泸州职业技术学院授牌仪式

院长彭继元介绍了学校悠久辉煌的历史、合并组建情况和现有综合办学条件，提出了新学校的发展目标和举措，表示学校将在省教育厅和市委、市政府的领导下，抓住机遇，开拓进取，励精图治，大力发展多科性、综合性高等职业教育，以奋发昂扬姿态实现学校跨越式发展，把学校办成富有特色的一流职业技术学院。

泸州职业技术学院的成立是泸州经济社会发展的一件大事，它标志着泸州高等教育在新世纪实现了新跨越。

学校2002年成立照片

## （三）时任教育部部长周济视察我校情况纪实

2005年3月3日，国家教育部部长周济在副省长柯尊平、省教育厅厅长涂文涛、省政府副秘书长陈保明等领导的陪同下，到我校视察工作。

周济部长一行视察了学校图书馆、图形图像设计实训室、模具设计实训室、网络模拟实验室、电子仿真实验室，询问了学生实训课的安排、学生对实训课的兴趣、教师培训的方式、专业的发展、学生就业率等情况。

周济部长对了解到的情况非常满意，同时对学校提出明确要求：要把高等职业教育做好做强，加大实习实训设施的投入，走产学结合的路子，加强师资队伍建设，精简冗员。他特别指出，要把学生就业放在重要位置，像抓教学质量一样抓学生的就业工作，要让学生走得出去，能顺利就业。他勉励学校师生要坚定信念，继续做好教学管理和学生管理工作，勇于开拓、大胆创新，学校的明天会更加灿烂。

学校井然规范的教学秩序，以学生为主体的实践教学环节，良好的校风、教风和学风，学生良好的行为规范，优美的校园环境，得到了周济部长和陪同视察的各级领导的一致好评。

时任教育部部长周济（右三）视察我校

## （四）教育部高职高专人才培养工作水平评估纪实

2003年2月12日，教育部高教司下发《关于开展高职高专院校人才培养工作水平评估试点工作的通知》（教高司函〔2003〕16号），明确教育部拟在几年内对全国所有高职高专院校进行一次水平评估试点工作。2004年4月19日，教育部办公厅下发《关于全面开展高职高专院校人才培养工作水平评估的通知》（教高厅〔2004〕16号），决定从2004年开始正式启动高职高专院校人才培养水平评估工作。

为迎接评估，学校成立了评估创建领导组、评建工作小组、评建工作办公室和4个评建工作项目组。在充分学习、了解、掌握《高职高专院校人才培养工作水平评估方案》的基础上，学校积极遵循"以评促建，以评促改，以评促管，评建结合，重在建设"的二十字方针，对评估指标体系进行了细分、发布，紧紧围绕教学中心工作，狠抓一个"建"字，突出一个"实"字，强化一个"改"字；广大师生员工怀着强烈的责任感、使命感、危机感和紧迫感，踊跃投入到紧张的建设工作中。全校着眼质量和水平，着力建设、改革和管理，注重状态和过程，全员参与，埋头苦干，通过自查准备，全面建设，学校的办学水平得到了显著提升。2006年6月12日至6月16日，专家组对我校十多个项目进行了现场考察评估后，向省教育厅、泸州市市委、政府领导和学校领导通报了评估意见，评估工作取得圆满成功。

学校迎接国家办学水平评估

学校办学水平评估专家领导合影

## （五）四川省示范性高等职业院校建设纪实

2007年，学校将创建示范性高职院校（以下简称"创示"）确定为未来一个阶段的发展目标和工作重心。全校深刻理解省级示范性高职院校建设的目标和任务，明确申报工作内涵目标、时间节点，掌握申报程序，知悉申报资料准备项目，扎实开展工作。2011年8月，四川省教育厅、财政厅发布《四川省教育厅、四川省财政厅关于确定2011年度"省级示范性高等职业院校建设计划"立项建设院校的通知》（川教函〔2011〕498号），确定学校为四川省示范性高等职业院校立项建设单位。

学校按照《建设方案》和《建设任务书》的具体要求，扎实推进四个重点专业（群）建设项目、三个平台项目建设，并辐射带动其他专业同步建设，全力推进其他相关建设工作。主动服务区域经济和社会发展，创新办学体制机制，大力实施内涵建设，深化人才培养模式和内部管理改革，全面完成了示范建设项目的各项目标任务，推动了学校快速、科学发展。学校共完成一级项目7个、二级项目32个、子项目291个，完成率98.67%。项目建设预算资金总额4100万元，实际到位4277.58万元，到位率104.3%。经过三年示范建设，学校实现了"一个突破、两个优化、五个提升"，即办学体制机制实现突破，办学环境和师资队伍得到优化，教育教学、人才培养、社会服务、内部管理和辐射影响水平和能力显著提升

2014年3月31日至4月2日，四川省验收专家组到学校开展省级示范高职院校建设项目验收。专家组对学校示范建设成效给予了高度评价：一是学校示范建设项目推进有力，管理规范有序。二是学校举办方泸州市政府高度重视学校的省级示范建设项目，承诺划拨的示范建设专项资金及时足额到位。三是办学机制创新成效显著，搭建了政、园、企、校四方共建机制，形成了校企合作、校企共建的发展态势。四是服务区域经济社会发展需要，重点专业对接支柱产业发展，建立了培养方案共进、培养过程动感、质量评价多元的专业建设机制，学校已成为区域经济社会发展，高素质技能技术人才培养的重要基地。五是将百年红色校企文化传承与泸州名酒文化、红色文化、历史文化等有机融合，服务人才培养和人员培训，社会效益显著。四川省教育厅四川省财政厅《关于公布2011年"省级示范性高等职业院校建设

学校省级示范建设项目验收汇报会

计划"示范性高职院校建设项目验收结果的通知》(川教函〔2014〕208号)同意泸州职业技术学院项目院校通过项目验收。

学校创建"省级示范性高等职业院校"是学校发展的里程碑事件,标志着学校的办学水平和综合实力显著提升,跨入了四川省高职高专先进院校的行列。

## (六)学校新校区建设工作纪实

2002年3月,三校合并为泸州职业技术学院,按市委市政府的安排,将紧邻学校主校区的原泸州第一中学校区与学校原泸州师范校区进行置换。学校设一校两区,瓦窑坝校区为主校区,杜家街校区为分校。2006年,原泸州市粮食职工学校合并到学校,形成一校三区。

为了解决学校校区面积偏小、多校区办学等问题,学校在泸州市委、市政府的大力支持下,规划建设新校区。2011年3月25日,泸州市人民政府和四川省教育厅签订了《关于推进川滇黔渝结合部教科城建设的协议》,同时颁布《泸州市中长期教育改革和发展规划纲要》,明确了学校新校区建设事项。2013年9月7日,学校在新校区征地现场举行新校区建设开工仪式。在近三年的建设期间,时任四川省副省长黄彦蓉,省委教育工委书记、省教育厅厅长朱世宏,泸州市委书记蒋辅义,市委副书记、市长刘强等省市领导先后到我校视察新校区建设工作。2016年7月1日,学校正式启动了新校区搬迁工

新校区开工仪式

新校区开工建设

作。经过全校师生的共同努力，于2016年8月中旬搬迁完毕，学校正式入驻新校区，开启了新的篇章。

为加快学校"双高"建设，争创本科层次职业高等学校，2018年4月，学校新征土地，启动云台校区的建设。目前，学校新校区分为东华校区和云台校区，总占地面积1344亩，建筑总投资25亿元，建筑总面积60余万平方米。建有区域共享性产学研用一体化实训基地——成渝双城经济圈川南公共实训基地，建筑面积2200平方米的一体化教师发展中心，全省高职唯一的恒温游泳馆，高端普惠幼儿园标杆经纬诺博幼儿园，与国际国内顶级酒店业巨头洲际集团、首旅集团共建的四星级龙涧假日酒店、五星级建国饭店和酒城文创美食街，厅市共建的省级大学科技园，国家技术转移西南中心泸州分中心，阅读公园，休闲书吧，温馨舒适的标准化宿舍、食堂等，校园按照4A级旅游景区打造，为师生提供了一流的学习生活工作环境。

投资1.2亿，总建筑面积2万多平方米的成渝地区双城经济圈川南公共实训基地

各项指标均达到承办省级赛事的标准，目前全省高职院校中最先进、最现代的运动场馆——室内体育馆、恒温游泳馆

投资2亿元，建筑面积1万1千多平方米，填补泸州"中餐特色美食地标城市"空白的酒城文化创意美食街

依托学前教育"双师型"名师工作室，投资8000万元，与北京哥大诺博教育集团共建川南最大的幼儿园——泸州市经纬诺博幼儿园

投资2.4亿元,与洲际酒店集团共建泸州首个国际品牌四星级洲际酒店

投资2.8亿元,按5星级标准与首旅集团共建的产教融合实训基地——建国饭店

## (七)四川省优质高等职业院校建设纪实

2017年,根据国家确立的职业教育适应经济发展方式转变和产业结构调整、构建现代职业教育体系和满足人民需求以及经济社会需要的发展目标,结合泸州市政府十三五规划和学校发展战略目标,学校将创建四川省优质高等职业院校作为一项重要任务,认真准备,用心组织,精心申报、顺利答辩。2017年12月,四川省教育厅发布《四川省教育厅关于确定四川省优质高等职业院校建设计划立项名单的通知》(川教函〔2017〕791号),确定学校为四川省优质高等职业院校立项建设单位。

学校严格执行《建设方案》《建设计划任务书》,将优质校建设工作作为学校发展的重大契机,实行"1+1+1"(即一个专业紧密对接一个大型国企或上市公司,紧密依托一个本科院校、科研院所或行业协会)办学改革,推进集团化办学、校企合作,以"双元"协同育人以健全"四方共建、五位一体"产教融合机制为抓手,按照"当地离不开、行业都认同、国际可交流"高职发展要求,着力推进高素质技术技能人才培养,积极探索优质高等职业院校建设的泸职模式。学校共完成8个重点子项目,304个任务点,完成297个,任务完成率97.7%。建设期内,非优质校计划任务新增16个,已全部完成,项目综合建设任务完成度102.96%。项目实际投入39963万元,资金到位率131.58%;实际支出 39907万元,实际支出资金占投入预算的131.4%。三年来,学校办学条件显著改善,人才培养质量明显提升,社会服务能力持续提高。

2020年7月，学校对项目建设任务完成情况和完成质量、建设专项资金执行情况和使用效益等方面进行认真总结，形成项目验收材料在网站进行公示并将纸质材料呈报至教育厅。四川省教育厅组织专家对学校材料进行了评议和现场考察。2020年底，《四川省教育厅关于四川省优质高等职业学校建设计划项目验收结果的通知》（川教函〔2020〕589号）同意泸州职业技术学院项目院校通过项目验收。

### （八）四川省高水平高等职业学校和高水平专业群创建纪实

《国家职业教育改革实施方案》提出"建设50所高水平高等职业学校和150个骨干专业（群）"，《四川省职业教育改革实施方案》提出"实施省级'双高计划'，重点建设15所左右高水平高等职业学校和50个左右高水平专业群。"市委市政府《关于加快推进职业教育高质量发展的实施意见》中提出"力争创建省级高职院校'双高计划'项目……"，为职业教育指明了发展方向。

2020年7月6日，学校在求实厅召开了动员会，双高申报工作正式启动。成立双高创建办，组建10个专项工作组和酿酒技术、学前教育、大数据技术与应用三个专业群申报工作组，全面开始了相关材料撰写工作。

2021年3月15日，四川省教育厅四川省财政厅下发《关于实施四川省高水平高等职业学校和高水平专业群建设计划的意见》（川教〔2021〕24号），4月16日，四川省教育厅四川省财政厅下发《关于四川省高水平高等职业学校和高水平专业群建设计划项目申报的通知》（川教函〔2021〕86号）。学校对标文件要求，全面梳理学校办学成果，进行双高申报工作的冲刺。5月17日，学校撰写形成了四川省高水平高等职业学校申报材料，酿酒技术、学前教育两个专业群申报材料，明确了争创"特色鲜明、省内领先、国内一流"高水平高职院校的总体目标，并按要求上报省教育厅。9月28日，四川省教育厅公示学校为四川省"双高"院校，为十四五争创本科层次学校打下坚实的基础。

# 三、革命英烈

黄方（1883—1912） 字鹿生，名学粹，叙永县人，辛亥革命时期同盟会四川分会重要骨干之一，川南革命军总司令。曾就读于川南经纬学堂。

黄方

黄方在校时就组织"输新社"，受革命思想影响。他仁侠好义，人称"小孟尝"。1907年入同盟会。后与佘英等策划发动永宁起义，在家中赶制炸弹时，因不慎爆炸，黄方负轻伤。永宁事败后，黄方又谋划发动泸州、江安起义，均未成功。1907年10月，熊克武、黄方、杨维等密谋组织成都起义，决定趁慈禧太后寿辰之日，成都官吏会集祝寿时，投弹袭击，一举歼灭，占领成都。不料被叛徒出卖，黄方、杨维、黎靖瀛、江永成、王述槐和张致祥等人被捕入狱，时称黄方、杨维等人为"六君子"。1911年辛亥革命爆发，各省响应，成都独立，黄方、杨维等人获释出狱。出狱后，黄方担任四川军政府参谋部长。翌年1月初，黄方回家探亲，途经泸州，时值川南军政府成立，众人推举黄方任川南军政府司令官。黄方治理有方，先后统一川南各县。唯有合江县清吏据城固守，义军曾围攻不克，黄方乃派人晓以革命大义。合江知县黄炳燮便派人驰书归降，要黄方亲自前往，始开城门交印。1912年1月17日，黄方率部亲赴合江县城，抚境安民，百姓称赞。1月21日，黄方率部押送盐税银返泸，行至菜坝、茶憩亭时，突遭滇军黄子和部伏击，当场壮烈牺牲。黄方死后，民众觅尸运回泸州，礼葬泸州鲢鱼洞。3月18日，蜀军政府追赠黄方等人为辛亥革命烈士。

1946年6月，国民政府拨款为黄方、佘英两烈士合树纪念碑一座，纪念碑至今矗立在泸州市水井沟摩尔

佘英、黄方纪念碑

商场后原市文化宫广场。1982年8月，经中共四川省委统战部和四川省民政厅批准，将黄方遗骨迁葬泸州市革命烈士陵园。1984年9月20日，叙永县人民政府认定黄方为革命烈士，收入《叙永县革命烈士英名录》。

恽代英

**恽代英**（1895—1931）　字子毅，曾用名天逸、但一、但毅、子怡、稚宜，祖籍江苏武进，生于湖北武昌，中国共产党青年运动早期领导人之一，中国共产党早期领导人之一，无产阶级革命家，川南师范校长。

恽代英在学生时代就积极参加革命活动，是武汉地区"五四"运动主要领导人之一。1918年毕业于武昌中华大学。1917年创办进步团体"互助社"。1919年积极组织学生参加"五四"运动，次年创办"利群书社"，编辑少年中国协会丛书，传播马克思主义。1921年加入中国共产党。1921年10月30日，到川南师范任教务长。1922年春，任川南师范校长。恽代英在川南师范任教务长和校长期间，改革教育，民主办校，组建革命社团，传播革命火种，在川南师范的历史上留下了光辉的一页。1923年夏，恽代英离开川南师范，先去成都、重庆，然后到上海大学任教。1923年和1925年先后在中国社会主义青年团第二次和第三次全国代表大会上当选为中央执行委员会宣传部长。1923年10月，创办并主编《中国青年》。国共合作以后，恽代英任国民党上海执行部宣传部秘书。1926年在国民党第二次代表大会上当选为国民党中央执行委员，任黄埔军官学校政治部教官兼黄埔军官学校中共党团书记。1927年在武汉参与主持国民党中央军事学校的工作，4月在中共第五次代表大会上当选为中央委员，同年7月和12月参与和领导了著名的八一南昌起义和广州起义。1928年后,到上海工作,先后任中共中央宣传部部长、组织部秘书长,主编《红旗》杂志。1929年以后,任中共沪中区区委书记和沪东区区委书记,在中共六届二中全会上被补选为中央委员。

　　1930年5月6日,恽代英在杨树浦韬朋路不幸被捕。面对监狱非人的生活和敌人的折磨,他始终保持旺盛的斗争精神。他说:"对一个革命者来讲,战场固然是考验,而监狱也是一个特殊的战场。一个真正的革命者,在这个特殊战场上,在生死面前,要经受得起严峻的考验。"1931年4月29日,恽代英被国民党反动派杀害于南京中央监狱,年仅36岁。

　　**萧楚女**(1893—1927)　　原名树烈,学名楚汝,字秋。原籍湖北黄陂,生于湖北汉阳。中国共产党优秀理论家。曾任川南师范国文课教师。

　　1910年参加湖北新军。1911年参加武昌起义。1919年参加"五四"运动。1922年8月加入中国共产党。同年秋,应恽代英之邀到川南师范任教,任国文课教员。同年11月创办重庆公学。1924年8月任中共中央驻四川特派员,领导重庆社会主义青年团和四川的革命斗争。同年11月发动群众组织重庆外交后援会,反抗日本侵略罪行。随后又发动了重庆国民会议促成会运动。1925年5月,到上海与恽代英一起主编《中国青年》,积极参加五卅反帝爱国运动。同年8月,调到河南参加中共豫陕区委及共青团豫陕区委工作,并主编《中州评论》。不久,回上海撰写革命檄文,与戴季陶主义、国家主义派作斗争。1926年1月,到广州协助时任国民党中

萧楚女

央代理宣传部长的毛泽东编辑《政治周报》。同年，先后任（或兼任）国民党中央宣传部干事、中国国民党政治讲习班教授、国民党中央农民运动委员会委员、第六届农民运动讲习所教员、劳动学院讲师、青年训育养成所讲师、妇女运动讲习所讲师、黄埔军官学校政治教官、黄埔军官学校国民党特别党部宣传委员会政治顾问。1927年2月兼任华侨运动讲习所讲师。1927年4月15日，萧楚女在广州的反革命大屠杀中被国民党反动派逮捕，4月22日在狱中被杀害，年仅34岁。

萧楚女生前在农民讲习所和黄埔军校带病工作时曾说："同学们，你们想烛光不是能放光明吗？做人也要像蜡烛一样，在有限的一生中，有一分热发一分光明，给人以温暖，给人以光明"。萧楚女形象地形容自己的人生观是"蜡烛人生观"，并以此自励。萧楚女的蜡烛精神一直在共产党人中代代相传。

刘愿庵

**刘愿庵**（1895—1930）　原名孝友，字坚予。陕西省咸阳市人，曾任川南师范国文教师。

1911年辛亥革命爆发后弃学奔赴南京拥护孙中山，参加学生军，声讨袁世凯，后一度在川军任职。1922年，参加恽代英在成都组织的学行励进会，研究传播马克思主义和革命思想。同年到川南师范担任教学工作。1925年上海五卅惨案发生后，刘愿庵赶到上海，被推举为五卅惨案后援会负责人，领导群众开展反帝爱国斗争。不久，参加中国共产党。1926年冬，他在川军中开展兵运工作，配合刘伯承等领导的泸州顺庆起义。1927年大革命失败以后，刘愿庵领导成都党的地下组织同国民党进行了坚决的斗争。1928年4月，任中共四川临时省委代书记。同年6月,刘愿庵赴莫斯科参加中国共产党的六大,在六大上当选为中共中央候补委员。六大以后,刘愿庵承担了中共四川省委重建的重任。1929年4月,他发动和领导了万源固军坝起义,在川东地区树立了一面武装斗争的旗帜。同年6月,领导了邝继勋、罗世文等发动川军第二十八军第七混成旅的遂(宁)蓬(溪)起义,成立了中国共产党四川工农红军第一路总指挥部。中共四川省委正式成立后,刘愿庵任省委书记。面对反动军阀疯狂镇压革命群众,捕杀共产党人,摧残中共党组织的白色恐怖,刘愿庵沉着冷静,机智勇敢地应付各种复杂困难局面,坚持斗争,为四川党组织的恢复和整顿,最大限度减少党的损失,做了大量工作。

1930年5月5日,由于叛徒出卖,刘愿庵被捕。他坚决拒绝了反动军阀当局的劝降利诱和死亡威胁,大义凛然,无所畏惧,保持了共产党人的崇高气节。他针对反动派的诱降说:"信仰不同,不可能同路。共产党追求的是真理,共产主义是历史的必然趋势。这不是什么歧途,而是一条光明之路!"5月7日,刘愿庵高呼着"中国共产党万岁""共产主义万岁"的口号,英勇就义,时年35岁。

**李求实**(1903—1931) 原名李国玮,字北平,笔名李伟森。湖北省武昌县金口镇人。著名政治活动家和翻译家。"左联"五烈士之一。曾任川南师范英语教师。

"五四"运动期间,参加武汉学生的示威游行。1918年参加恽代英领导的互助社。1922年加入中国共产党。同年,应恽代英同志之约赴川南师范任教。1923

李求实

年随恽代英离开川南师范，参加领导京汉铁路工人大罢工，同年8月，在中国社会主义青年团第二次代表大会上当选为团中央候补委员，年底，赴上海参加团中央《中国青年》编辑工作。1924年赴莫斯科东方劳动者共产主义大学学习，并任中国班党支部委员、团支部书记。1925年回上海，在共青团团中央工作。1925年秋，历任中共豫陕区团委书记、广东区团委宣传部长、机关刊物《少年先锋》主编、湖南团省委书记。1927年在武汉出席共青团第四次代表大会，当选为团中央委员并任团中央宣传部部长。不久，受中央派遣前往广州担任团中央南方局书记，负责广东、广西、福建南部、云南的团务工作。他从实际情况出发，认为在严重的白色恐怖下团组织的工作方法应该强调保存组织，积蓄力量，待革命时机成熟，组织有力量的暴动，但是这一观点却不为当时团中央"左倾"盲动主义者所接受。在11月的团中央扩大会议上被取消团中央执行委员会委员资格，并受到留团察看半年的处分。1928年夏，李求实的处分被撤销，再次出任团中央的宣传部部长，并在党中央宣传部和中共党报委员会工作，先后任《上海报》主编、中共中央《红旗日报》副刊《实话报》的主编，其间还翻译了《动荡中的新俄农村》《俄国革命话史》以及创作小说等16部。1930年1月，中共中央召开苏维埃区域代表大会，李求实担任大会准备委员会上海办事处负责人，为大会的召开做了大量的工作。同年3月，出席中国左翼作家联盟成立大会。在帮助左翼作家深入工厂农村、建立工农通讯网、出版文艺作品等方面，做了很多工作。1931年1月对中共六届四中全会所通过的决议提出反对意见，遭到王明等人的打击，被扣上右派的帽子。

1931年1月18日，由于叛徒告密，李求实在上海汉口路东方旅社被捕，2月7日被反动派当局杀害于上海龙华监狱。

**刘力劳**（1898—1931）　原名刘道盛，四川省富顺县人。川南师范学生。

刘力劳1898年出生在一个贫民家庭。父母早亡，随祖父长大，少时就读于富顺长滩坝小学。1920年至1923年在泸县川南联合县立师范学校（即川南师范）学习，受到恽代英传播的马克思主义思想影响，倾向革命。

刘力劳

1924年春，考入四川陆军讲武堂学习军事，1925年毕业。同年7月，考入黄埔军校第四期政治科学习，并加入中国共产党。1926年8月，随同周逸群带领的北伐军宣传队到湖南常德贺龙部工作，任在政治讲习所任教官。1927年2月，随贺龙部到达汉口，部队北上后留在武汉，任武汉工人纠察队大队长。4月，陈独秀下令解散工人纠察队，刘力劳回到贺龙部队，任特务营（即警卫营）第一连连长。6月，贺龙的独立十五师扩编为国民革命军第二十军，刘力劳升任特务营营长和军委委员。1927年7月30日下午，参加了南昌起义军总指挥贺龙主持的团以上军官会议。8月1日凌晨，起义爆发后，起义军第三团未及时赶到敌第三军部，刘力劳及时传达贺龙的命令，派特务营第一连第一排，封锁敌第三军军部门口，保证了战斗部署的实施。10月，经上海到海陆丰和广州，先后任农民队长和广州工人纠察队队长。同年11月初，转赴武汉，任武昌工人运动总指挥。同年底，到涪陵驻防军郭汝栋部队工作，先后任政治部主任、将校队教官、营长等职。1928年初至1930年初，任涪陵军支书记。1930年3月，离涪潜赴上海，任中共上海市兵委书记，负责兵运工作。1931年5月，中共上海市兵委机关被敌人破坏，不幸被捕，被关入上海龙华淞沪警备司令部军法处看守所。同年秋，对前去监狱看望的党内同志黄霖说："我已完成任务。希望你保重，继续奋斗。" 8月5日，刘力劳在龙华英勇就义。牺牲前，他正气凛然地对敌人说："你们能杀死我，但你们永远杀不尽革命，最后胜利一定属于我们的！"

余泽鸿

**余泽鸿**（1903—1935）　　原名余世恩，笔名因心、晓野，四川省长宁县人。川南师范学生。

1921年秋考入川南师范。1922年，在泸州川南师范学校读书时，经恽代英介绍加入社会主义青年团。1922年秋，恽代英在川南传播革命思想的活动被人告发，川南道尹立即将恽代英监禁并裁减川南师范经费一万余元，烧毁学校图书馆内的新文化书籍，停办了由恽代英倡办的职业学校及蚕业讲习所。余泽鸿等组织发动学生向道尹示威、罢课，掀起了"学校公有"和"择师运动"的浪潮。在全省学校和各界的声援下，泸州反动当局被迫接受学生提出的全部条件并释放了恽代英。余泽鸿被师生誉为"团中旗手，班里豪雄"。1923年进入成都外语专科学校学习。1924年7月考入上海大学社会学系，和李硕勋等人组织贫民世界学会。1925年春加入中国共产党，成为上海大学学生联合会领导人之一。1926年任中共上海区委学生运动委员会主任。1927年5月转移到武汉，任中共湖北省委宣传部长、省委秘书长。1928年初调上海，任中央组织部秘书，并主编中央组织部刊物《组织通讯》。1929年任中共中央秘书长。1931年随中共中央从上海转移到江西中央苏区，先后任中共江西省宁都、南广中心县委书记。1932年10月，转任建宁中心县委书记兼军分区政委。1934年，调到中央苏区工农红军学校当教员，后任彭湃县城防司令。长征开始时，任中央直属纵队干部团上干队政治科长。

1935年2月，为掩护主力红军长征，保护红军伤病员，中央决定成立川南特委，任命徐策为书记，余泽鸿为宣传部长。以中央保卫局一个连（200人）为骨干，会合王逸涛领导的当地游击队，组成中国工农红军川南游击队，王逸涛（后叛变）任司令员，徐策任政委，余泽鸿任政治部主任。2月，徐策、余泽鸿等率领游击队，在叙永木厂梁子击溃川军一个团，在扎西击溃滇军两个营。3月，同川军激战于大石磐，有力配合了主力红军二渡赤水、重占遵义等作战行动。

川南游击队的活动，使国民党十分震惊。1935年3月，国民党开始调兵"围剿"。为粉碎敌人的进攻，特委决定由张宏光等领导的黔北游击队和川南游击队合编为中国工农红军川滇边游击纵队。刘干臣任司令员，徐策任政委，张宏光任副政委，余泽鸿任政治部主任。7月中旬，游击队转移到扎西的长官司时，遭到滇、川军3个团的包围袭击，徐策、张宏光等牺牲。刘干臣，余泽鸿沉着坚定，率部突出重围。8月，余泽鸿任特委书记兼游击纵队政委，带领部队转战川南，先后攻占了筠连县，安宁桥、红桥等地。9月上旬，与刘复初等领导的川南游击队会合，部队扩展到近千人。川南特委改称川滇黔边区特委，余泽鸿任书记。同年9月，蒋介石调集川、黔军数万人，对游击队实行三省"会剿"。12月中旬，由于叛徒告密，川军及李品山保安大队将余泽鸿部包围在江安的泥基潮。经过一天激战，游击队员只剩20多人。15日，余泽鸿率队突围未果，壮烈牺牲。

曾润百

**曾润百**（1902—1928）　四川省合江县人。川南师范学堂学生。

1921年高小毕业后考入川南师范，和余泽鸿是同班同学，在校时就以文笔刚劲、能力强闻名。1921年寒假，他参加恽代英组织的"川南师范旅行讲演团"，步行至隆昌、内江、自流井、富顺、南溪、宜宾、江安、纳溪、合江等县城乡做社会调查，宣传革命。1922年5月，经恽代英介绍，加入社会主义青年团，负责合江方面的发展工作，不久把同校合江籍学生王诚意、肖世奇、李龙骧、丁其如等人发展为团员。同年夏，为反对地方守旧势力对恽代英的迫害，曾润百等组织领导全校学生进行游行和罢课斗争，直至恽代英获保释回校。1923年1月，曾润百加入中国共产党，并成立泸县党小组并任组长。同年秋，在萧楚女的领导下，中共泸县党支部成立，曾润百任支部书记，并兼川南师范学生会主席。寒假，曾润百回到家乡，宣传革命，筹集党的活动经费。他卖掉自己仅有的十余石田产，并动员自己的大嫂卖掉部分田产，把卖地的钱全部用作党的活动经费。1925年6月，任泸县工商学联合会理事，领导民众开展爱国反帝斗争，组织领导抵制仇货运动和爱国反帝斗争。10月任国民党左派泸县临时县党部常务委员及组织部长，主持县党部工作。12月22日领导川南师范学生，将英商船运来泸县的一批煤油焚烧于澄溪口河边。1926年先后任中共泸县支部和特别支部书记。

泸州起义时，他率领党团员和学生开展革命宣传活动，主持召开民众庆祝大会。1927年1月，在川南师范主持召开国民党泸县第一次（左派）代表大会，被选为党部常委兼组织部长，主持县党部工作。泸州起义失败前夕，刘伯承分批撤离全体党团员出城，曾润百去自流井三多寨、合江九支等地开展工作。

1927年11月，曾润百受中共四川临时省委派遣去万县策动兵变，举行暴动，建立苏维埃政权，并任川东苏维埃暴动部队政委，后因叛徒告密而被捕。杨森劝降不成，便施严刑拷打。曾忠贞不屈，视死如归。遇难前，他先后书两封家信，信中写道："我之死是为革命而死，我们的革命事业将来一定会成功的，请家里的人不要因为我之死抱悲观……"1928年6月16日，曾润百等13名共产党员在万县鸡公岭英勇就义。他时年26岁，遗体由陈江、丁其如收殓，葬于万县太白岩下。

张霁帆（1901—1926）　又名洵卓、慕鸿，四川省宜宾市人。川南师范学生。

1921年11月，参加恽代英组织的"读书会""学行励进会""社会科学研究会"等活动。1922年5月，首批加入恽代英组建的社会主义青年团。1923年初，随恽代英去成都，进蚕桑专科学校读书。不久，便参与社青团成都地方委员会的领导工作，被选为执委会候补委员。在此期间，参加了成都学联召集的万人反日集会游行，并协助王右木创办《青年之友》刊物，成立社青团的外围组织"青年之友社"，组织"宜宾旅省同乡会"并创办了《会刊》。1924年3月，张霁帆被选为社青团成都地方委员会执委会书记。8月，出席全国学联在上海召开的

张霁帆

第六次代表大会。9月，到团中央创办的南京钟山中学任教。不久，又任社青团南京地委秘书。11月，参与南京国民会议运动，"南京国民会议促成会"成立时，被选为交际股委员。1925年春，张霁帆被派往河南。"五卅惨案"发生后，参与组织领导了开封学生的罢课、请愿游行示威活动。6月29日，在郑州加入中国共产党。1926年1月，任中共豫陕区委委员兼共青团书记。8月，在去上海向党中央请示汇报工作后返回河南时在徐州被捕。敌人对他进行了严刑审讯，但张霁帆始终坚贞不屈，最后被敌人用毒药杀害于狱中。

**肖世奇**（1903—1928）　四川省合江县人。川南师范学生。

1923年至1926年，在川南师范读书期间，受进步思想的影响，积极参加恽代英、萧楚女领导的"改造川南师范，提倡新文化、反对帝国主义、反对封建主义"的革命活动。1926年12月，在川南师范毕业后，受党组织的安排，考入中央军校武昌分校，学习政治军事。1927年，宁汉合流，国民党大举清党时逃出武汉，参加第二方面军，在叶剑英领导的教导团第四连当学员。此后，随队东进广州，参加广州起义和保卫苏维埃政权的革命战争。起义失败后，随部队撤至花县改编为红四师，他在赤卫队担任大队长，率部随军开赴海陆丰，奉命保卫彭湃组织的苏维埃政权。1928年5月，他率部进攻惠东县，在深坑对敌英勇作战，身先士卒，不幸壮烈牺牲。在进入惠东县时，肖世奇在寄给家里的信中说："请家里不要挂念我担心我，我是为了革命，就是牺牲了，为革命也是光荣的，值得的。"

1987年12月15日，四川省人民政府批准肖世奇为革命烈士。

**王诚意**(1904—1928)　四川省合江县人。川南师范学生。

王诚意

1923年进入川南师范读书,在萧楚女的教导下,积极参加川南师范的教育改革和提倡新文化,参与反帝反封建活动。1924年加入中国共产党。1926年川南师范毕业后,受党组织的安排,考入黄埔军校第六期,编入二团一营。1927年反革命政变后,调到武汉中央直属大队。"七一五"宁汉合流,中央直属大队改编为第二方面军军官教导团,随教导团到广州,参加广州武装起义。起义失败后,随军到海陆丰,在海陆丰苏维埃政权中担任赤卫大队长。1928年3月,在攻打柏林墟战斗中牺牲。

1987年12月15日,四川省人民政府批准王诚意为革命烈士。

**陈泽煌**（1901—1930）　字洪钧,四川省富顺县人。川南师范学生。

陈泽煌

1918年考入川南师范。在恽代英的教导下,1922年5月加入社会主义青年团。1923年,陈泽煌毕业回到富顺县立高等小学校任教,创建了富顺县第一个共青团支部并担任书记。1926年6月加入中国共产党,是富顺县第一个共产党员。以后领导建立中共富顺县支部和中共富顺县特支,任书记职务。先后领导捣毁"福音堂"和国民党右派党部运动。1927年"三三一"惨案和"四一二"反革命政变发生后,陈泽煌调任中共自贡特支负责组织工作,参与领导盐业工人革命斗争。1928年,陈泽煌任川南特委组织部长,参加领导指挥宜宾、南溪农民暴动。暴动失败后,他以省委特派员身份到宜宾整顿组织。1929年陈泽煌任川南特委书记,不久,调任中共江巴县委书记兼中城区委书记,领导重庆地区地下斗争。

1930年4月,党的地下机关"九七书店"等被敌人破坏,陈泽煌被驻重庆川军二十一军逮捕。他在狱中继续秘密组织党支部,领导和团结难友向敌人进行各种形式的斗争。10月,陈泽煌被押赴刑场时,敌人怕他沿途演说,把一根木棍硬塞在他嘴里,用绳系住,但他拼命呼喊,鲜血染红了胸襟。陈泽煌牺牲时,年仅29岁。

**徐经邦**(1897—1927)　四川省屏山县人。川南师范学生。

1919年,被县府公费选送到川南师范学校学习。他在恽代英的教育和影响下,加入了进步青年团体"学行励进会"。1922年,参加恽代英率领的川南师范旅行讲演团,后加入社会主义青年团、中国共产党。1925年至1926年,先后在国民党部队王伯常、白晏清旅任职,从事党的工作。1926年冬,回到屏山任国民党屏山县党部筹备主任,借筹备主任的身份,在群众中公开活动。1927年,筹备组建屏山县农民协会成立,任农会主席。同年,组织屏山暴动,带领农民军占领了县城。国民党反动派对此十分恐慌,派兵镇压。1927年4月11日,不幸被国民党反动派逮捕。5月7日,被国民党反动派枪杀于屏山县西部泥溪湾。

**王彦家**(1900—1930)　四川省南溪县人。川南师范学生。

1923年考入川南师范。1924年,加入中国社会主义青年团。1925年春,参加"孙中山先生逝世追悼大会"筹备工作并到街头宣传讲演,后被选为川南学生联合会会长。"五卅"惨案后,投入反帝爱国宣传活动,10月下旬,组织学生在泸州澄溪口烧毁英轮运来的煤油2700余桶。1926年,任共青团泸州特支书记,不久加入中国共产党。12月下旬,考入武汉中央军事政治学校。1927年"四一二"政变后,中央军事政治学校的学生编为中央独立师,他被编到第一营,参与追击军阀夏斗寅部的战斗。12月11日参加广州起义,事败后,随军转移到海陆丰,参加彭湃领导的东江支队,开展游击斗争。1929年,任中共泸县县委委员，负责民众学校的教务工作。1930年，任永川中山公学训育主任期间，领导和组织农民开展声势浩大的抗捐运动，同驻永川军阀二十八军宪兵司令彭诚孚进行不懈斗争，迫使彭诚孚将烟窝捐改为"征借各半"。10月"广汉兵变"爆发后，彭诚孚以中山公学"赤化"为借口，将其查封，并将王彦家等逮捕，约一月后，押解成都监禁。年底，被加上与"广汉兵变"有关的罪名，被杀害于成都大东门下莲池。

**穆世济**（1909—1928）　四川省合江县人。川南师范学生。

幼年时随兄穆济波到成都，就读于省立一师附小、高师附小。后以优异成绩考入川南师范。参加了恽代英组织和领导的进步学生巡回演讲团，到泸州、合江、富顺、隆昌及自流井各地农村开展宣传活动。1923年参加了革命工作。1925年，随恽代英、萧楚女去广州，考了黄埔军校第四期，积极参加与"孙文主义学会"的斗争。同年由恽代英、萧楚女亲自发展入党。1926年毕业，分配在黄埔军校周恩来领导下的一部组织科工作，担任周恩来警卫员。大革命失败后转入广州做地下工作，参加了广州起义和朝汕独立活动。1928年7月7日被反动派秘密杀害于广州市红花岗。

**梁业广**（1903—1935）　又名勤，四川省合江县人。川南师范学生。

1922年考入川南师范。1924年，经恽代英介绍加入共产主义青年团。1925年加入中国共产党。1926年春由川南地下党组织选派到广州，参加毛泽东创办的广东农民讲习所学习。后回到家乡，在四川合江县、贵州赤水县接壤的地区传播马列主义。1926年参加刘伯承策划的泸州起义，担任"农运"工作。起义失败后，受党的派遣转移到合江开展党的地下工作，筹建合江地下党组织，组建了合江县特支委员会，任特支书记。1929年担任中共赤合边区委员会书记。1930年，他以九支第四高小校长职务为掩护，从事川黔边区党的地下工作，发展了党的组织，并在九支第四高小校内建立了少年儿童组织。1934年春，组织指挥了赤水兵工厂的总罢工。1934年4月14日，合江县团练局长会同清共委员会，率领特务暴徒在九支团练局将其逮捕入狱。在狱中，他威武不屈，大义凛然，表现了共产党人可贵的革命气节。反动派虽对其采取软硬兼施，威胁利诱的手段，他仍然毫不低头屈膝，拒绝供出党的机密，受到严刑拷打，伤重病危。1935年春，经多方营救，才获保外就医，因身体遭受敌人严重摧残。1935年5月逝世，为人民的解放事业献出了宝贵的生命。

**廖维华**（1897—1931）　四川省内江市人。川南师范学生。他出生于一个贫困的铜铺家庭，自幼在铺子里帮父亲打铜和在糖铺里当学徒。1921年考入川南师范，深受恽代英进步思想影响。1923年加入中国共产党。1927年去武汉从事革命工作，蒋介石背叛革命以后，廖维华又回到内江，任中共内江地下党县委委员，坚持革命斗争，后因叛徒出卖被捕。1931年8月壮烈牺牲。就义时沿途高呼"中国共产党万岁，中华苏维埃万岁"等口号。牺牲时年仅34岁。

**谢啸仙**（？—1926）　江苏省江都人。曾任川南师范体育教员，童子军教练。

1921年到川南师范担任体育教员兼童子军教练的工作。1922年1月，恽代英组织川南师范旅行讲演团，谢啸仙任副团长，带领6名教师和24名学生从泸县出发，沿途经隆昌、内江、自贡、富顺、南溪、宜宾、江安、纳溪、合江川南九县，行程千余里，讲演20多次，广泛宣传爱国主义和反帝反封建思想，引导民众接受马克思主义。1925年6月27日，参加成都五卅惨案外交后援会，开展积极斗争。1926年，弃教从戎，进入黄埔军校学习。同年参加北伐军，任连指导员。在率部攻打武昌时壮烈牺牲。

**陈江**（生卒年不详）　又名陈却凡，四川省合江县人。川南师范学生。1922年5月，成为恽代英组建的"社会主义青年团"首批团员，与曾润百一起负责合江团支部工作，是川、滇、黔边区的第一个团支部。积极参与同撤换恽代英校长职务、阻止川南师范革新的军阀张英和罗廷光、黄驼儿等人斗争。后因在军阀杨森的部队中秘密筹备起义，因事情泄密被捕遇害。

**梁康全**（生卒年不详）　四川省叙永县人，共产党员。川南师范学生。在军阀杨森驻防万县时做地下工作，不幸被捕，英勇就义。

**龚级门**（生卒年不详）　四川省富顺县人，共产党员。川南师范学生。在成都从事地下工作时不幸被捕，进监后，反动派不给饭吃，被活活饿死。

# 四、知名校长

**赵熙**(1867—1948)　字尧生，号香宋，四川荣县人。晚清著名教育家、书法家、诗人。蜀中五老七贤之一，世称"晚清第一词人"。川南师范学堂首任监督（校长）。

赵熙

1867年生于四川省荣县。1879年年十二已遍及十三经，习作诗文，不同凡响。1882年应童子试，主试者赏其才，借其原名熹、字尧阶，犯宋贤朱熹之讳，由主试者改名赵熙。1884年府考中秀才。1891年，赵熙乡试中举人。1892年进京殿试为二甲第五十三名进士，朝考列二等，授翰林院庶吉士。赵熙在京结识了刘光第、杨锐(二人后在戊戌变法中被害，与谭嗣同、康广仁、林旭、杨深秀等人一起并称"戊戌六君子")、乔树楠、尹仲锡等人，互相以文章志节相砥砺，赵熙从此主攻经史诗文，以学者自勉。

1894年，赵熙二次入京，应保和殿大考，名列一等，授翰林院国史馆编修。由于不满当时以慈禧太后为首的主和派向列强卑躬屈膝，赵熙殿试后即请假回家探亲，继任荣县凤鸣书院山长。1897年，应川东道黎庶昌聘任重庆东川书院山长。

1901年，泸州知州沈秉坤(字幼岚，湖南善化人)拟创经纬学堂于泸州，电请赵熙任监督(即校长)。赵熙遂于8月到泸州就任。当时学校分设经学、史学、文、小学、算学、体育、地理、日文等科，聘请教师多一时名流。其中日文、体育由日本人有田正俗担任。风气初开，远近惊异。赵熙在谈及校名时曾说："为学当为上下古今之学，不为耳目尺寸之学，此纵也；为学当为大通世界之学，不为拘守方隅之学，此横也。纵是经，横是纬。"所以学校命名为"川南经纬学堂"。

1902年，川南经纬学堂更名为"川南师范学堂"，迁至水井沟新校址。赵熙撰写《川南学堂记》，记述校舍的建设，办学宗旨与规章，寄期望于莘莘学子，全文如下：

光绪二十七年，善化沈君秉堃权泸州，是时天子西巡未返。君急国之务，於是与州人中书高君楷商请永宁道，开建川南学堂，而推诸暨善培周君主其事。造士有程，简不肖有律，本中国先王之典，参以外国今行之法，屹然众志一新。乃举州人罗君忠浩督构大厦，用白金五千有奇，严冬大暑之中，殚力庶务，八越月而工完。

呜呼！群公百瘁而成此堂，所望川南人士，举礼家三达德之要，师范方来，诸生必有深鉴于此旨者。天下大事，造士本于一乡，敢质言以瞻千世。

赵熙在川南师范在任2年，门下弟子百余人，出类拔萃者甚多，谢持(字慧生)、曹笃(字叔实)、黄方、方朝珍、余切、黄树中、吴玉章等皆出其门下。

1903年，赵熙再赴京，仍供清职，旋由国史馆编修升协修，最后升纂修。1906年因父病故，奔丧归里。1909年，赴京，不久出任为江西道监察御史。1912年，袁世凯准备就任大总统，曾通过亲信数次向赵熙表示有所借重，赵熙素恨袁的阴险，托病婉辞，携眷避居上海日租界，以避袁之纠缠。1914年，携眷返荣，从此以逸民自处，闭门讲学不再出仕。

1948年秋，赵熙在荣县宋坝乡病逝，享年81岁。

赵熙字

赵熙"工诗,善书,间亦作画。诗篇援笔立就,风调冠绝一时。偶撰戏词,传播妇孺之口",蜀传有"家有赵翁书,斯人才不俗"之谚。赵熙一生勤学,家有藏书数千卷,多精心评点,今成都杜甫草堂藏有赵熙评点杜诗四部。其文章骈散俱精,以散文为多,尚存有成都杜甫草堂、峨眉山、乐山乌龙诸寺碑文。赵熙诗学古最精,运用最活,兼擅古体与律、绝,龙精五律。赵熙博学多才,抱负远大,却无法在当世施展,就寄情于山水之间,一生作诗、词3000余首。《香宋词》313首,于民国7年(1918)即刻版印行。解放初郭沫若自付部分印费,在上海倡印《香宋诗前集》上下册,录诗1300余首。1986年四川出版了《香宋诗钞》,录诗500首。人谓"香宋词人,禀过人之资,运灵奇之笔,刻画山水,备极隽妙,追踪白石,而生新过之"。赵熙书法,字体秀逸挺拔,融诸家为一体,时人称"荣县赵字"。

**赵藩**(1851—1927)　字界庵,晚年自号"石禅老人",云南省剑川县人,著名学者、诗人、书法家。

赵藩自幼从父学,5岁授书,过目成诵,有"神童"之称。光绪乙亥年(1875)中举人。1893年,赵藩到四川酉阳直隶州任知州,此后宦游四川17年,历任四川盐茶道、永宁道、按察使等。1901年冬,四川白莲教、红灯照起义方兴未艾,清政府岑春煊到四川任总督,以重兵围剿红灯照,杀害了深得民心的红灯照领袖廖九妹。作为岑春煊的启蒙老师,赵藩以讽谏之笔,撰写了著名的攻心联:"能攻心,则反侧自消,从古知兵非好战;不审势,即宽严皆误,后来治蜀要深思",并将其刻好后挂到成都武侯祠诸葛亮殿中。光绪29年(1903),赵藩到

赵藩

赵藩武侯祠攻心联

泸州任四川盐茶使（道尹级），领川南师范监督衔。赵藩在泸期间为泸州官邸、名胜园林题诗撰联，其中两副楹联最为著名：一是龙马潭楹联"为问好游人，来何所闻，去何所见；别有会心处，山不在高，水不在深"；二是泸州分巡道衙署内的"德威堂"楹联"勉副观察使职司，激浊扬清，要在虚公无我；略有秀才家本色，黜华崇朴，何敢享用过人。"宣统元年（1908），同盟会员佘英、谢奉琦密谋叙府起义，事泄被捕，赵藩力救不果，辞官返里。1911年10月，武昌起义后，解职在家的赵藩接受蔡锷等人电请，行抵大理，被公推为"迤西自治机关部"总理。1913年春，国会开幕，赵藩被选为众议院议员。1918年7月，军政府大元帅制改为"七总裁合议制"，唐继尧被选为总裁，电请赵藩为代表到广州列席政务会议，军政府特任以交通部总长职。后因他提出规划的西南铁路方案遭段祺瑞破坏，遂辞职回滇，任云南省图书馆馆长，致力著述不复过问政治。

赵藩致力于学术，凡经史子集，百氏杂家之书，古今文章流派，金石文学，无不广涉，详加考校，尤熟滇蜀两省文献掌故。他的书牍为世所推重，诗名书法尤震一时。赵藩书法苍劲，颇得颜鲁公笔意，今天泸州市博物馆还可见到他书赠子静公的四条屏。

温筱泉

**温筱泉**（1870—1961）    字翰桢，别号蜕安，人称温三爷，四川省泸县人。泸州老窖前身——温永盛酒坊第十一代传人。

1902年，30岁的温筱泉考中举人。1910年，任川南师范监督。1911年，辛亥革命爆发，泸州同盟会起义响应，随即成立川南军政府。温筱泉因多年来推动维新，在地方享有巨大威望，被公推为川南军政府副都督。1912年加入同盟会。与陈铸等创办泸县女学会女子师范学校，任董事长，以该校作为同盟会活动基地，一边宣传进步思想，一边推进女子教育事业。

1914年，他辞去川南军政府副都督的职务，回乡继承祖业，经营祖父传下来的"豫记温永盛"酒坊。温筱泉借鉴现代企业管理经验，进行了大胆的改革：一方面，他与弟弟温幼泉一起深入研究老窖大曲的酿造技术，将先进的工艺提炼为科学的操作规程，逐渐打破了"大瓦片"（指烤酒大师傅）对技术的垄断，从而加强了生产管理，使产品质量更加稳定；另一方面，他借鉴现代企业的营销策略，开始创立品牌。他将"豫记温永盛"更名为"筱记温永盛"，重点培育祖父温宣豫首创的"三百年老窖大曲"，使其成为自家酒厂的高端品牌。1915年，在旧金山举办"太平洋——巴拿马万国博览会"，他积极筹备温永盛老窖大曲参展事宜，并一举获得巴拿马万国博览会金奖。从此，筱记温永盛在泸州数十家酒坊中脱颖而出，成为泸州老窖大曲酒最著名的代表。

1916年，朱德任靖国军第十三旅旅长，驻防泸州，发起组织东华诗社、振华诗社。温筱泉积极参加诗社筹建活动，作诗宣传革命，并慷慨馈赠"三百年老窖大曲"作为活动用酒。

1935年，温筱泉出任泸县县志副总编。抗战期间，被推选为泸县财务委员会委员长。他在前线医用酒精严重匮乏的情况下，冒着轰炸的危险坚持生产，将大量基础酒输送到酒精厂，提炼成医用酒精。

中华人民共和国成立后，温筱泉历任泸县军分区剿抚委员会委员、川南区和泸州市各界人民代表、泸州市政协常委、市人大代表、四川文史馆研究员等职。1961年病逝。

**朱德**（1886—1976）　字玉阶，四川省仪陇县人，伟大的无产阶级革命家、军事家，党和国家以及人民解放军的卓越领导人，中国人民解放军的创始人之一。

1916年，以蔡锷为主力的云南护国军北上"讨袁护国"，在入川围攻泸州时受挫退守纳溪。时任护国军第一军第三梯团第六支队长（相当于团长）的朱德受命率部在纳溪棉花坡阻击北洋军，浴血奋战20多个昼夜，力克北洋军。棉花坡战役成为护国战争中以少胜多的典范战例，朱德因此成为远近闻名的"滇军名将""护国名将"。1916年除夕之夜，朱德思乡情深，遂赋诗抒怀："护国军兴事变迁，烽烟交警振阗阗。酒城幸保身无恙，检点机韬又一年。""暗查军事忆家乡，风冷霜寒雪压枪。安得提前援陷溺，修文偃武话收场。"泸州"酒城"的称号由此得名。

1917年7月，朱德升任少将旅长，驻防泸州。1918年朱德作为驻军首脑兼川南道尹领川南师范校长衔，给川南师范的学生颇多的影响。朱德于1919年夏天成立了第一个学习小组，收集了有关俄国十月社会主义革命的书籍，订阅《新青年》等书刊，学习小组内有较多的川南师范的学生。在泸期间，朱德把原有的"东华学社"和"颐园诗社"合并为"东华诗社"，后又在泸县云锦山一带发起组建了"振华诗社"，寓意振兴中华。川南师范的校长温翰桢、高

泸州况场朱德故居

朱德在泸所写诗《除夕（一）》

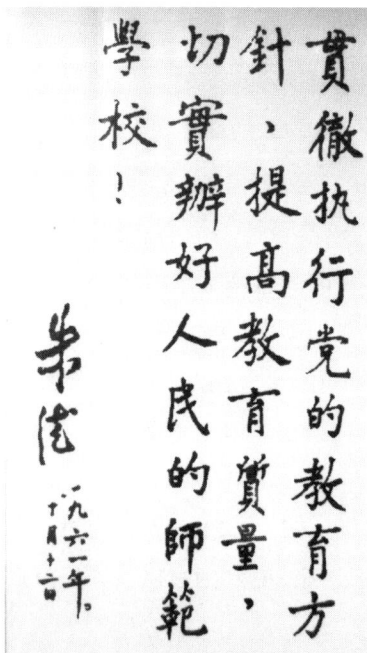

贯彻执行党的教育方针，提高教育质量，切实办好人民的师范学校！

朱德 一九六一年十月十四

泸州师范（川南师范）
六十周年校庆朱德题字

楷、陈铁荪以及教师陈秋潭、陈梦堂等均为诗社的成员。朱德把进步的思想注入诗社的章程中，明确提出了诗社的宗旨："大力宣传，振兴东亚中华；高声呼吁，打倒西方帝国。方称联翰墨之因缘，永吟哦之乐事，唯求良友，无负河山。"根据清末学校的规定，当时泸州的各个学校设的体操课最早只是进行步伐、列队等日本式的兵操，朱德把足球引入泸州，以后在川南师范的体育课中正式的开始教授足球。

　　朱德于1920年离开泸州，随后去德国留学，1922年加入中国共产党。1925年到苏联学习。1926年夏回国。1927年在南昌创办军官教育团。蒋介石叛变革命以后，他领导了八一南昌起义，任起义军第九军的副军长。1928年初又率领南昌起义的余部进行了湘南起义。同年4月率领起义军上井冈山和毛泽东所领导的秋收起义的部队会师，成立了中国工农红军第四军，任军长。1930年开始，朱德任中国工农红军第一方面军军团长、第一方面军总司令和中国工农红军总司令，中华苏维埃军事委员会主席。1932年秋开始朱德和周恩来一起领导和指挥了第四次反围剿，取得了重大胜利。1934年10月参加二万五千里长征。1937年抗日战争爆发以后，朱德任八路军总司令。在第三次国内革命战争中，朱德任中国人民解放军总司令，并亲临华北、华南前线指挥作战。在战略决战的阶段，与毛泽东等一起指挥了辽沈、淮海、平京三大战役。随后又和毛泽东一起发出向全国进军的命令，指挥解放军渡过长江。为推翻国民党的反动统治，解放战争的伟大胜利作出了巨大贡献。中华人民共和国成立以后，朱德当选为中央人民政府副主席并任中央军委副主席。1954年第一届全国人民代表大会上当选为中华人民共和国副主席和国防委员会副主席。在第二、三、四全国人民代表大会上均当选为常务委员会委员长。1930年中共六届三中全会上中央候补委员。1934年六届五中全会起当选为历届中央委员、政治局委员。在中共七届一中全会上当选为中共中央书记处书记。1948年11月到1955年5月兼任中共中央纪律检查委员会书记。在八届一中全会上当选为中央委员会副主席。在十届一中全会上当选中央政治局常委。1955年被授予元帅军衔，并被授予一级八一勋章、一级独立自由勋章、一级解放勋章。1956年在八届一中全会上当选为中央政治局委员、常委和中央副主席。1959年到1975年连续当选为全国人大第二届、第三届、第四届委员长。1976年7月6日在北京逝世。

1961年，在泸州师范学校（川南师范学堂）建校60周年之际，朱德委员长亲笔为学校题词："贯彻执行党的教育方针，提高教育质量，切实办好人民的师范学校"。

恽代英

**恽代英**（1895—1931）　恽代英在校期间，对学校的管理和教学情况进行了全面而深入的调查，并在此基础上努力整顿学务，进行教育革新，培育了大批革命人才，带领无数青年走上了革命的道路。恽代英在川南师范教育上所进行的主要改革包括：

教育学生树立正确的人生观。恽代英经常深入到学生之中，让学生各抒己见，展开热烈的讨论。他结合自己的思想转变，循循善诱，帮助他们逐步树立正确的人生观，并积极向学生宣传马克思主义革命理论。他把自己翻译和保存的马克思主义的经典著作秘密地在进步学生中传阅，并针对青年学生的思想特点，经常在学生中举行人生观的讨论会。恽代英特别强调学校应使学生"看清他们社会的责务，做一个为责务预备一切的人"。他提倡青年多读书，以此来提高辨识能力，认清反动阶级的丑陋面目与本质；要求青年树立远大的革命理想，改造自己、改造家庭、改造社会，改造国家。

改革教材。恽代英认为教科书应打破以教师为中心，便于学生自学。恽代英提出了教科书的改革要求：第一，遵循自学辅导的指导思想，叙述详明，附参考书目和思考题，以便自学；第二，以归纳法编撰，通过提供事实，让学生自己得出结论；第三，强调各学科的联系；第四，讲究实际效用，利于培养学生实际生活能力；第五，教材组"打破论理的次序，建设心理的次序"。编写教材要注意"文字要浅俗""叙述要详明"。恽代英特别强调教科书应该有爱国主义、改造社会的内容，选取"五四运动"以来的进步文章作教材，向广大青年学生推荐了很多中外革命领袖的著作，并专门编写了许多讲义以辅助教学工作。恽代英发现学校图书数量严重不足，缺乏代表新思想和新文化的图书、报纸与杂志，就利用暑假的时间亲赴上海，购置了许多图书、仪器、体育器材等，当时采购的革命读物有《新青年》《共产党宣言》《共产主义ABC》等。

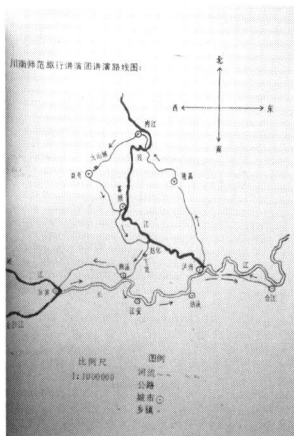

恽代英组织的寒假旅行讲演团
路线图

恽代英雕像

　　改进教学方法。恽代英认为，传统教育是注入式教育，其弊端在于"上课时教师太劳，学生太逸；学生倚赖教师，脑筋退化，无自己求学之心；教师讲授全班，无法注意个性"。这种方法"注则有之，入则未也"，"只能教学生成一个无意识承受知识的器皿，脑筋中不能有一点创造能力"。恽代英提倡以自学辅导法取而代之。恽代英说"关于教学方法，我主张用生动活泼的讨论式，激发学生的学习兴趣，有人叫启发式，就是我提倡的人的教育的一种教学法。我不太同意讲演式，或叫填鸭式。"对教学方法改革，他提出了许多精辟独特的见解，如提倡学生自学，采用讨论式教学，由学生提问，教师解答，集中讨论，然后教师总结。他认为不同的学科有不同的内容和教授规律，因此教法要"因时因地而各求其适宜"，而且教育应"如时雨之化春风"，消极制裁的方法"非必要时，不愿轻用，以妨害学生自然地成长"。恽代英主张从教学的实际需要出发，对课时适当删减，由每周40课时减到35课时。将内容空洞的课程改为自习课，课本内容脱离实际内容的伦理学改为班主任和学生之间的谈话交流，使师生有面对面交流、增进感情的机会。

倡导建立新型的师生关系。恽代英提出了整顿校务的三条措施：选择有教育学识之教师；教师须有真品格；教师须与学生有极密关系。他特别强调教师要平等待生，爱护学生，视"同学如弟兄"。他主张破除师道尊严，建立民主的教学新秩序。他要求教师放下架子和"尊严"，与学生打成一片。他说："我主张教师要全然与学生平等，甚至起居、饮食、自修、游戏都在一块，改变教师远在天上的状况，更好地诱导学生改过迁善。教师决不能用体罚来威胁和压服学生，否则就杀死了他们的生长天机"。他还主张教师以情感人，以理服人；注重人格感化，建立新型的师生关系。教师对学生应"以己真人格示之，以赤心血诚之语感化之，以大公无我恒久不懈之精神灌注之"。他认为，教师要"一言一行，无愧人师"，凭借高尚的品德和卓越的操守，以切实的爱心、耐心、诚心和恒心来规正青年，这样"学生对教师，爱便易信，信便易从"。此外，他还提倡写日记，并把日记作为师生之间交换思想、联络感情的工具。

培养身心性全面发展的人才。恽代英明确提出，学校要为社会培养全面发展的"身（体育）、心（智育）、性（德育）各方面均完全发达"的人才。他到学校后不久，便在全校教职员会议上提出八条行为规范：诚心、勇毅、勤俭、敬慎、博爱、进取、急公、负责。他主持制定了全校教育标准，规定"本校教育以养成品性才能学识完满合用之小学教师，能为社会负责，予儿童以合理的教育，且同时能从事于各项有益的社会活动为宗旨"。恽代英十分重视"砥砺行为，敦进学业"，并认识到体育对人性完善的重要性。他先后写作和翻译了《学校体育之研究》《运动之训育方法谈》《普通体操之改良》等文章，介绍体育运动的意义、方法，提倡人们包括女子开展体育活动。在恽代英的倡议下，川南师范学校成立了足球、乒乓球、体操等运动队。1922年4月，恽代英发起组织的川南联合运动大会在泸县召开，学校在比赛中取得了优异的成绩。

启迪民众探讨救国救民真谛。恽代英在学校组织了学行励进会、马克思主义研究会，利用周末带领学生，借游览忠山、邓家花园、百子图、西昌馆，在校外指导他们学习《共产党宣言》《共产主义ABC》《新青年》等进步书刊和著作。恽代英每逢星期三和周六亲自登上白塔寺通俗讲演社作演讲，向人民群众精辟地分析国内外政治形势，讲解中国人民近代以来特别是"五四"运动后彻底反帝反封建的英雄史实。1921年底临近期末时，恽代英亲自挑选组织了师生30人的"寒假旅行讲演团"。1922年1月上旬，演讲团从泸县出发，经隆昌、内江、自流井、富顺、南溪、宜宾、江安、纳溪、合江，历时1个多月行程千余里，讲演20多次，向沿途成千上万的群众传播新文化、新思想，引导民众接受反帝、反封建的革命思想，唤起民众的觉悟。合江的李元杰，当时正处于苦闷彷徨中，听了恽代英的讲演后，心胸豁然开朗，主动到讲演团驻地找恽代英，接受其教诲，并跟随他到川南师范求学。恽代英还组织学生进行深入的社会调查，接触工农，了解工人和农民的生活状况，认清社会问题的症结。随后，恽代英写了《四川省合江农民状况》一文，发表在《中国青年》上。1922年5月28日，在恽代英的主持下，余泽鸿、张霁帆、曾润百、陈江、陈泽煌、李元杰等六名学生聚集在忠山的凉亭内，秘密召开社会主义青年团成立会议。恽代英郑重地宣布："社会主义青年团泸县支部成立了。今天在座的是第一批团员。今后大家要服从组织、遵守纪律、保守机密、执行任务……"社会主义青年团泸县支部是四川第一个社会主义青年团组织，为在四川发展革命力量，建立党团组织奠定了基础。

　　1923年1月，恽代英离开泸县，赴重庆、成都。川南

富顺县飞龙观——旅行讲演团宣传
新文化、新思想的驻点之一

师范学生张霁帆、余泽鸿等十余名党、团员和进步学生随同前往，他们在青年革命领袖恽代英的引导下，从此走上为革命事业奋斗的道路。

郭沫若在回忆恽代英时，有一段深情的话："代英在四川泸州做过师范教育工作，四川青年受他影响特别多。假使我们从事调查，那时从四川那边的山坳里，远远跑到广东去投考黄埔军校的青年，恐怕十个有九个是受了代英鼓舞的吧！"

恽代英在校期间，举办地方通俗讲演所；办平民夜课学校；提倡演话剧，宣传新文化运动；开办川南运动会，提倡德智体全面发展；提倡植树造林，发动师生在忠山植树造林，数十年后的这里已是绿树成林，成为了泸州城市中的一片绿洲。

阴懋德

阴懋德（1890—1964）　名仑表、仑园，四川省泸县人。

1912年加入同盟会，1913年毕业于国立四川大学的前身四川省高等学校。毕业后先后任泸县公学教务主任、川南师范学堂训育主任。1914年，集资开办牗群书局，销售时代书刊，宣传科学知识与民主思想。1935年参与编撰《泸县志》。撰写舆地、交通、食货、古迹四部分志稿。1937年，任泸县财务委员会委员。1939年，由于日本飞机轰炸泸州城，泸州子弟读书困难，阴懋德毅然捐出云龙大水河住宅和田土一百石，创办私立桐阴中学，自任校长，并立下"志道、据德、依仁、游艺"的八字校训。在创办桐阴中学时，阴懋德曾赋诗一首："忍看华夏充胡骑，辟得家园作讲堂，桃李春风日滋茂，匹夫有责说兴亡"，抒写了自己的拳拳爱国之心。

抗日战争后期，阴懋德又在泸州城大校场设立了桐阴中学分部。1949年春，又在泸县创办泸南艺术学院。中华人民共和国成立后，阴懋德先生将自己所创办的桐阴中学本部和分部全部无偿地捐献给国家，本部更名为"泸县一中"，分部更名为"泸州四中"。他还将二十四史、四部丛刊和方志等书籍3000余册全部无偿捐献给了泸州市图书馆。将《杜甫诗集》献与成都杜甫草堂，《三苏全集》送眉山三苏纪念馆。

1952年，阴懋德出任川南师范学校副校长，出席全国教育工会代表大会，受到毛泽东主席的接见。后历任川南行署监督委员、民革泸州市主任委员、泸州市政协副主席、泸州市副市长。1959年，不顾年老体衰，抽出空余时间，搜集资料，为《泸州市志》写出十万余字的资料稿。1964年9月19日，他主持政协会议时，突然中风病故。阴懋德病故后，他的子女遵照遗嘱将其所藏的线装古书2734册、平装书257册与碑帖、名画、对联、古砚、墨等，全部捐献给泸州市图书馆。

阴懋德为师40余年，桃李满天下。后人曾写诗赞颂："春风无处不沉醉，桃李三千绕侧深。"

何白李(1910—2002)　派名壬林，号百礼（后改用白李二字），晚年曾用名苦李，书名何仁，字寿徽，斋名亏斋，四川省泸县人。

1920年，何白李到泸州县立城南高等小学学习。1928年，他考入成都师大（现四川大学）。1935年毕业于川大英国文学系。1936年，回泸执教私立忠山商科职业学校。1939年，应友人相邀偕妻王文安赴康定，执教省立西康师范和省立康定中学。1941年再次回到家乡，

何白李

先后执教于阴懋德先生创办的桐阴中学和泸县女中。中华人民共和国成立后任教泸州市一中。1959年起任泸州师范学校副校长。1984年退休。曾任民盟泸州市主委、民盟四川省委常委、泸州市政协委员、市人大常委会委员、民盟四川省委和泸州市委顾问。

何白李执教数十年，桃李满天下。他在担任学校领导时从未放弃课堂教学。他认为人无不可教，身教更胜言教，桃李不言，下自成蹊。家里小保姆，也在他教诲下学会了做诗。平生生活非常节俭，却用退休金支持泸州师范学生办诗社，每年资助都上千元。他非常重视家庭教育，从1983年起创办以"和睦、团结、奋发、追求"家风为宗旨的《家庭小报》十余年。该报不但有国内版，还有英文海外版。此后又衍生《大学生报》和《家乡报》。此创举在全国影响广泛，北京、上海、成都等地数十家报纸多次报道。2002年因病去世。

何白李为泸州师范图书馆和市图书馆整理出大批古籍，作了大量的题解、编目、著录工作。何白李辞世后，赵永康先生曾撰写挽联颂扬何老在教育战线作出的卓越贡献：

> 学高为师，一代通师何白老；
> 身正为范，三泸模范德常馨。

# 五、知名校友

**向楚**（1877—1961）　字先乔（仙樵），号觙公，四川省巴县人。

1897年考入重庆东川书院学习，得山长赵熙嘉赏，与同学周善培、江庸被誉为"赵门三杰"。1899年秋随赵熙赴北京，接触了章太炎著作。1901年，泸州创设经纬学堂，任教习。1900年赴乡试中举。1904年在重庆开智学堂、正蒙公塾任教。1906年由杨庶堪介绍入中国同盟会，又一同到永宁中学堂任教，开展革命活动。1907年赴北京，授内阁中书。1908年中国同盟会急召回重庆，担任中国同盟会宣传工作。1911年11月22日蜀军政府成立，任秘书院长。1913年8月重庆成立讨袁军，任民政厅总务处长，讨袁失败后亡命上海。1915年入中华革命党，参加策动肇和号巡洋舰起义。1916年任南京高等学校教授。1917年赴广州，任孙中山大元帅府秘书，孙中山先生曾亲书"蔚为儒宗"四字横匾为赠。1918年任四川省政务厅长、代省长。1924年起先后任成都大学、成都师范大学、四川大学教授，四川大学文学院院长。1933年任《巴县志》总纂，其心血之作《巴县志》成为研究蜀地风俗历史的必读材料。1937年返川大任教。1949年底代理川大校务，迎接中华人民共和国成立。

向楚

1949年后，向楚任四川省人民代表、省文史馆副馆长。1961年病逝。

**谢持**（1876—1939）　原名振心，字铭三，又字慧生，后曾改作愚守，四川省富顺县人，辛亥革命先驱。

1902年，考入川南经纬学堂，并在此结识了一大批思想进步的青年学子吴玉章、曹笃、陶闿等人。1907年2月，加入同盟会，并任富顺县同盟会分部长。1907年，谢持应周孝怀邀请任商务总局秘书，策划成都起义。1911年初赴重庆巴县女子师范学校任教。辛亥革命爆发后重庆独立，谢持任军政蜀军都督府总务处处长。1912年川、蜀都督府合并，谢持改任合并后的总务处副处长，后又任民政参赞。1913年当选参议院议员。后与黄复生赴北京谋划炸死袁世凯，事泄被捕，出狱后赴日本参加中华革命党，任总务部副部长。袁世凯死后国会恢复，谢持仍任参议员。1917年随孙中山南下任大元帅府参议，代理军政府秘书长，兼护法国会参议员。次年任军政府司法部次长，代理部长。1919年任党务部部

谢持

长，次年又任军政府内政部次长，代理部长。1921年孙中山任非常大总统，谢持仍任参议，不久为军政府秘书长。1922年第二次恢复国会，谢持又重任议员。1924年，谢持当选国民党第一届中央监察委员。1925年任广州国民政府中央监察院监察委员。1927年任特别委员会常务委员兼国民政府委员。北伐胜利后任四川省政府委员兼财政厅厅长。"九一八事变"爆发后，谢持出面调停当时的宁粤分裂，呼吁团结一致，共同抗日。

1939年4月16日，谢持因病辞世，终年65岁。

曹笃

**曹笃**（1875—1945） 字叔实，四川省富顺县人，辛亥革命先驱。

1901年考入川南经纬学堂。在这里，他接触了近代科学知识，逐步认识了世界；结识了吴玉章、黄复生、黄方、陶闿、伍孟勉、谢持等人，经常在一起讨论自强之道，阅读新书新报和介绍欧美资产阶级革命的书刊，探索救国真理。1902年，到富顺县官立高小一堂任教。1903年与伍劭在县城内兴办半日制成人学校——私立经纬学堂，从事反帝反封建活动。1905年，经黄复生绍介加入同盟会。1910年，受聘为四川通省茶务学堂校长，以学校为基地从事革命活动。1911年，任重庆军政府交通部长。1920年中华革命党改组为中国国民党，曹笃被任命为四川省支部筹备总主任。1925年，参加了四川军阀联合贵州军阀袁祖铭所进行的倒杨之战。1937年日本发动全面侵华战争后，年逾花甲的曹笃以国民党元老的身份，奔走呼吁抗战。1940年他亲率抗敌慰劳团，千里迢迢去到江西前线，慰劳四川部队的抗敌将士。他每至一处，都慷慨演说，鼓励川军奋勇杀敌。他赞同国共合作、团结抗日的政策，反对制造摩擦，反对迫害共产党人。

曹笃自幼精于中医，1937年他受中央国医馆长焦易堂之托，担任了四川省国医馆长。由于他的影响，在一定程度内保护了四川中医。1940年他以国医馆长名义，接办了一所濒于停办的中医学校，并正式改名为"四川国医学联"（今成都中医药大学前身），培养了大批高级中医人才。

1945年，曹笃因病逝于成都，终年70岁。

**吴玉章**（1878—1966）　原名永珊，字树人，四川荣县人。辛亥革命先驱。杰出的无产阶级革命家、教育家，马克思主义历史学家和语言文字学家，新中国教育开拓者，中国人民大学创始人。

吴玉章

1902年进入川南经纬学堂学习。1903年东渡日本留学。在日留学期间，他积极参加进步学生运动，并接受了孙中山的民主主义思想。1906年3月加入同盟会。1910年回国，先后参加了广州起义和四川的保路运动，发动荣县独立和内江起义。1911年，任国民党中央常委和政治委员，兼总统府秘书。1917年参加"护法运动"。1925年加入中国共产党，并任南充高中首任校长。1927年参加八一南昌起义，任革命委员会委员兼秘书长。大革命失败后遵照党的指示远赴苏联，在苏联东方大学等校学习、任教，出席共产国际第七次代表大会、世界和平会议。1938年回国参加民族抗战，被选为第一届国民参政会参政员。1939年到延安，担任延安宪政促进会会长、陕甘宁边区政府文化委员会主任、鲁迅艺术学院院长、延安大学校长等职。与林伯渠、董必武、徐特立、谢觉哉一起被尊为"延安五老"。1945年抗战胜利后，任中共代表赴渝出席政协会议。1946年兼任中共四川省委书记。1948年任华北大学校长。1949年到北京，出席中国人民政治协商会议第一届全体会议，参与中华人民共和国的筹建，任中央人民政府委员，出席开国大典。1949年，任中国人民大学校长。吴玉章是中共六届、七届、八届中央委员，第一、二、三届全国人民代表大会常务委员，兼任国务院文字改革委员会主任、全国教育工会主席、中国自然科学普及协会主席等职。

1966年12月12日，吴玉章于北京病逝，享年88岁。

1961年，在川南师范建校六十周年之际，吴玉章为母校题诗纪念：

> 六十年间事，薰莸日益明。
>
> 创始虽有伪，维新自有真。
>
> 代英高亮节，更树马列根。
>
> 青年需努力，永矢慰忠魂。

**杨兆蓉**(1880—1963)　名家彬，四川省泸县人。辛亥革命先驱。

1901年就读于川南经纬学堂，与李琴鹤等发起组织"输新社"。1904年东渡日本，进入东京明治大学学习。1905年加入同盟会。1907年，杨兆蓉回成都。9月，与佘英、黄方等策划发动永宁、泸州、江安起义，因泄密失败。1908年，赴印尼、爪哇等地，在华侨中宣传民主革命。1911年策动驻泸巡防军起义，迫使永宁道台刘朝望反正，成立川南军政府，杨兆蓉任枢密院副院长。12月，军政府改为总司令暑后，任总务科长并代理总

杨兆蓉

司令。1912年，任泸州同盟会会长。1915年，在灌县组织北伐招讨军，任参赞、政务处长等职，后调铜梁县知事。此后历任重庆镇守使暑秘书、江北县知事、四川讨贼军总司令部主任秘书、四川省长公暑顾问等职。1928年，约集陈铸、李琴鹤等集资创办泸县女子师范学校，杨兆蓉任校长。抗战胜利后，被选为四川省临时参议会议员，并出任考察团组长、专员，巡视县政。1948年任泸县平粜委员会主任。

1905年与孙中山在马来西亚合影
（后排右二杨兆蓉）

中华人民共和国成立后，杨兆蓉当选为泸州市人民代表、政协委员，任四川省文史馆研究员。1963年10月病逝。

公孙长子（1882—1942） 四川省内江市人，原名余切，又名兰陔，字培初，民主主义革命家和著名书法家。

1901年，余切就读于川南经纬学堂，即同爱国志士曹笃、吴玉章等同学接触进步思想。1905年，他与杨钧、萧光前等人在双流县簇桥，秘密组织大同军，被推为元帅，并在彭县牧马河举行反清武装起义，11月17日，在彭县牧马河与地方团勇展开激战，大败敌人。后因势孤力薄，起义失败。1907年经熊克武等人介绍参加同盟会，负责川南同盟会的组织发动工作。决定于10月发动成都起义，由于事泄败露，余切机智脱险后，改名为公孙长子，出走甘肃、宁夏、陕西绥远、山西等地长达四年。1911年，公孙长子参加山西晋军起义，光复太原，后任川军某部参谋长。1915年后，公孙长子回川先后参加了熊克武的讨袁护国战争和护法战争。1924年熊克武在川军事失利，公孙长子随熊克武去粤转留上

公孙长子

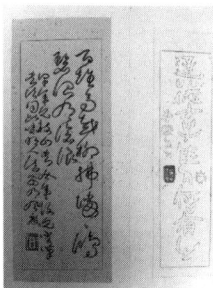

公孙长子飞白体双钩帖

海治病，以卖字为业。1930年复出，任新编十九路军副师长。1931年回到内江定居。1942年病故于内江。

公孙长子精于书法，成就最高的是其"双钩""飞白"书体作品。著名书法家余燮阳对他的双钩，赞不绝口；对其飞白，称举世无双。现在内江市东渡大佛寺岩壁上，留存公孙长子亲笔书的"中流砥柱"四个字，字体雄浑，刚劲有力。

**陈漱云**（1882—1957）  名宝镛，四川省泸州市人。辛亥革命先驱。

1902年进入川南经纬学堂学习，与李琴鹤等同学发起组织"输新社"，宣传民主革命。1904年赴日本，进入早稻田大学学习。1905年加入同盟会。1907年，陈漱云受同盟会东京总部派遣去印尼爪哇、三宝垄等地，以教书为掩护，在华侨中宣传民主革命。1911年初回泸，参与兴办利济火柴厂为掩护制造炸药，准备起义之用。4月去广州参加第二次起义。10月，陈淑云回泸，与杨兆蓉等同盟会员策反清军，迫使下川南道道台刘朝望反正，泸州独立。同年冬，陈漱云奉命去北京，参加东华门大街金鱼街口炸杀袁世凯的行动，未成功。1912年初，又参与彭家珍等刺杀清廷禁军首领良弼，彭家珍当场牺牲，陈漱云负轻伤，乘乱脱险。回泸后，担任中国国民党川南交通部党长，倡导实业救国，振兴中华。蒋介石背叛革命后，与国民党中断组织联系。1927年，任泸县市政公所工程委员，领导修建钟鼓楼、东门口轮盘码头、卸甲桥大同水道及中山纪念堂。

1957年2月，陈漱云加入中国国民党革命委员会，同年3月因病去世。

黄复生（1883—1948）　原名位堂，字明玉，易名树中，字理君，四川省隆昌县人。民主主义革命家。

1901年考入川南经纬学堂，与黄方、邓浩、杨维、杨兆蓉、谢持、陶闿士、曹笃等同学二十余人建立"输新社"。后东渡留学日本，进入宏文学院和东京株式会社学习工科。1905年加入同盟会，任同盟会四川主盟人兼《民报》经理。后与熊克武赴横滨，师从梁慕光学制炸弹，又入日本兵工厂学造枪弹。1907年初，奉派回川组织革命活动，密谋成都、泸州、永宁等地武装起义。亲自赴泸州、永宁策划，并约集党人在叙永研制炸弹，不慎引起爆炸，史称"兴隆场爆炸案"。黄复生身负重伤，左眼几近失明，康复后为纪念这次死而复生，从此更名黄复生。为躲避清廷捕杀，黄复生远走日本，再学炸药制造技术。1909年夏赴汉口设伏阻击端方未成，走北京谋刺载沣未遂，被捕入狱。武昌起义后出狱，赴天津组织"京津同盟会"。1911年大汉四川军政府成立，推为驻南京代表，后任参议院议员兼印铸局局长。"二次革命"失败后，再走日本，加入中华革命党。护国战争时返川，川督罗佩金聘为顾问。1917年在川响应护法，组织四川国民军，被任命为总司令，不久改任四川靖国联军总司令。1918年3月受孙中山命任代理四川省长，嗣改为川东道尹，靖国军援鄂第一路总司令。1922年后主持国民党四川党务兼渝关监督。1926年任国民党第二届中央执行委员。1927年后历任国民党中央候补委员、候补执行委员、立法委员等职，专办四川党务工作。1936年中风偏瘫。抗日期间痛斥汪精卫卖国投敌的汉奸行为。抗战胜利后获胜利勋章。

1948年10月1日不幸逝于重庆寓所，终年65岁。国民政

黄复生

府追赠陆军上将。1981年9月3日新华社发布辛亥革命70周年纪念文章说："孙中山先生和其他辛亥革命运动中英勇斗争的英雄，如陆浩东、史坚如、黄兴、章炳麟、倪映典、徐锡麟、秋瑾、黄复生以及黄花岗七十二烈士，他们的事迹是中国人民永远不会忘记的。"

金丽秋

**金丽秋**（1883—1957）　原名金鉴，四川省泸县人。辛亥革命先驱。实业救国实业家，妇女教育先驱，川江航运先驱。

1902年，金丽秋就读于泸州经纬学堂，组织"输新社"，宣传新思想。因阅读《革命军》《浙江潮》《警世钟》等进步书籍被清官方开除。1903年，东渡日本求学。1905年参加同盟会，并在东京积极从事推翻清朝的革命活动。1907年，受东京同盟会总部指示，回泸县革命党川南支部工作。1910年，兴办利济火柴厂，以火柴厂做掩护秘密为辛亥革命制造炸药。1911年任川南总司令部民政科科长。1916年，被选为中华民国四川合江县议员，后选为中华民国四川省议员。1922年，集资创办"江源轮船公司"，任董事长。1926年，参加了杨闇公、朱德、刘伯承等领导的"泸顺起义"。1927年受国民党通缉前往上海。同年受聘为中国招商局秘书长。1930年捐资创办泸县育群女学，任泸县育群女学校长，兼任泸县市政府参事、泸县图书馆馆长。1933年，任重庆市银行公会、重庆市钱业公会秘书长。1936年，任四川禁烟局秘书长。1938年，捐资兴办惠民面粉厂。1943年，任泸州火柴联合制造厂董事长。1949年，上交企业，进行公私合营，泸州火柴联合制造厂更名为"泸州火柴厂"。

金丽秋于1957年因病去世，享年71岁。

**陶闿士**(1886—1940)　名闿，一字开士，号天研，别署天倪阁居士，重庆巴县人。

陶闿士

1901年，进入川南经纬学堂就读，与吴玉章、黄复生、谢持等同窗。1904年左右，他任教于巴县开智学堂和川东师范学堂，研读经史古籍，培养出了赖以庄、向宗鲁等知名学者。此间，他受杨庶堪等人影响，反清的热情日渐炽烈，遂加入同盟会，参与四川保路运动。四川同盟会初创之时，经费困难，陶闿士临难解忧，卖掉了祖上遗留在重庆的大片房产和乡间的许多田租契约，悉数慷慨捐赠，以助革命。蜀军政府成立后，他出任文书局长，主编机关报《皇汉大事记》，后受孙中山特颁嘉奖令予以褒扬。辛亥革命失败后，陶闿士深感失望。1912年同盟会改组为国民党时，他便不再参加。讨袁之役失败后，他遭到通缉，隐匿乡间。1918年3月，他当选为四川省第二届议会议员，因目睹议员贿选丑闻，愤而辞职。对此，赵熙十分嘉许，特以"秋水三巴，朝阳孤凤"相誉。1923年，因有病在身，转向研究印度佛学。1925年，赴南京支那内学院从佛学大师欧阳渐研究佛学。1927年，他在家开馆讲学。由于学识渊博，且擅辞令，讲课旁征博引，妙语如珠，风生四座，所以慕名而来者甚多，几至室无隙地，后他开办了思诚国学专修学校，培养了许多杰出人才。1925年，他受向楚之约，为《巴县志》编纂，负责《市政》《物产》《人物》诸篇的编写。

陶闿士因病于1940年1月去世。

**李琴鹤**(1886—1958)　名鸿彦，四川省泸县人。辛亥革命先驱。

1902年就读于川南经纬学堂，与陈溅云等同学发起组织"输新社"。1904年赴日本，进入明治大学学习。1905年加入同盟会。不久回上海，在中国公学任教，并参加民主革命活动。1909年返回四川，任教于永宁中学。1910年参加四川保路运动。1911年9月，到丰乐等地发动组织同志军，策应泸州起义。10月，武昌起义成功后，与杨兆蓉等同盟会员策动驻泸防军举义，逼永宁道台刘朝望反正，成立川南军政府，李任邮电部长。后任熊克武部任秘书长、彭水县知事。1927年后，历任泸县建设委员会委员兼总务科长、财务委员会委员长、临参会和参议会议长等职。他为泸州和平解放作出极大努力，组织各界人士迎接解放军进城。

中华人民共和国成立后，任泸县解放委员会主任委员，劝说自卫总队残余人员归降，协助安定地方社会秩序。此后，历任泸县军分区剿抚委员会委员、川南区和泸州市各界人民代表、民革川南分部筹备委员，泸州市和四川省政协委员。1958年因病去世。

胡兰畦

**胡兰畦**（1901—1994）　四川省成都人，中国现代史上一位有影响的女革命战士，宋庆龄、何香凝、李济深和陈毅的生前挚友。

1901年6月22日，胡兰畦出生于四川成都。"五四"时期，她积极投入反帝反封建的运动。1920年冬，胡兰畦从成都毓秀女子师范学校毕业。她受新思想的影响，一心向往男女平等，坚决反对父亲包办的婚姻，也断然拒绝四川军阀杨森纳她为妾的求婚要求。茅盾以她为原型创作了自己的第一部长篇小说《虹》。

1921年，胡兰畦考入川南师范。1922年加入恽代英组织的马克思主义研究会。1923年发起组织了四川妇女联合会，并先后参与筹备川南女界联合会、成都妇女公会等活动。1924年作为四川女界代表，赴上海参加全国学联第六届代表大会。1926年春奔赴当时的革命中心广州，结识了周恩来、李富春和国民党左派领袖何香凝。1926年秋，胡兰畦前往北伐前线，后来考入武汉中央军校。大革命失败后，胡兰畦代理汉口市特别党部妇女部长和武汉总工会女工运动委员会主任，同时兼任湘鄂赣妇女运动指导委员。1930年，经成仿吾介绍，胡兰畦加入中国共产党。1931年10月，在宋庆龄帮助下赴德学习，组织了"旅德华侨反帝同盟"，胡兰畦任主席。因陪同宋庆龄回国奔母丧，被错误开除党籍。1932年12月，胡兰畦在柏林体育馆举行的反法西斯大会上发言，控诉日本侵华罪行。1933年春，因为为德共中央机关报《红旗日报》印发传单被捕，在宋庆龄和鲁迅等人的解救下获释。不久，胡兰畦再度被驱逐出境，来到法国。在法国，她写作的回忆录片断《在德国女牢中》在《世界报》上发表，文章在国际上引起了广泛的关注和普遍赞扬，被译成俄、英、德、西4种文字，胡兰畦的名声传遍了欧洲。1934年8月17日，苏联第一次作家代表会议在莫斯科召开，胡兰畦应邀出席并受到高尔基的亲自接见。1935年3月，受中共驻共产国际代表团王明、康生的派遣，前往香港从事抗日统战工作。1937年抗战全面爆发后，胡兰畦组建了上海劳动妇女战地服务团，并亲自带队奔赴抗日前线，在各战区进行宣传教育工作和战地救护工作。1939年夏，胡兰畦被任命为国民政府军委会战地党政委员会少将指导员，她利用这个特殊身份，为党做了许多有益的工作。1946年，胡兰畦任贵州日报社社长。

中华人民共和国成立后，她被安排到北京工业学院工作。"文化大革命"期间，受到迫害。1978年平反后，胡兰畦重新入党，并当选为全国政协委员。1994年12月13日，胡兰畦在成都逝世。

**王介平**(1907—1985)　　字光祥，别号丐萍，四川省泸县人。

1923年，王介平就读于川南师范。受萧楚女革命思想影响，积极投身革命活动，任川南师范学堂学生自治会理事。1925年12月22日，与曾润百等人率领学生，将英商的一批煤油焚烧于澄溪口河边。1926年，泸州起义爆发，与王先泽等奔赴乡镇宣传泸州起义，发动大家支援起义。1927考入成都大学。主编《伊甸园》文艺刊物，传播新文化；在《新四川日报》上创办《妇女周刊》，宣传妇女解放。1929年转本科教育哲学系。1931年考入清华大学哲学系。九一八事变后，忧于国家民族前途，决心从事教育救国。1934年后，在龙潭中学、井研中学、四川大学等10余所学校任教师、教务主任和校长。1938年，任省立江安中学校长。1943年，任资中女子中学教务主任。1946年在铜梁西泉中学任教，以罢教、离职的方式，反对该校军事教官窃听讲课与出示手枪威逼无钱作童子军服学生的恶劣行为。李劼人称赞他是"孤介骨鲠，为我所喜的人"。

中华人民共和国成立后，先后任成华大学副教授，四川大学中文系、政治系、历史系副教授。1985年3月13日在成都病逝。

曾德林

**曾德林**（1920—1995）　原名曾贵元，四川省自贡市人。

1920年生于四川省自贡市。1938年2月加入中国共产党。同年从川南师范毕业。先后任中共泸县中心县委青委书记，中共江北县委书记兼组织部长，四川省委青委委员，中共重庆市新市区区委委员、组织部长等职。抗战胜利后任中共四川省委宣传部干事，重庆《新华日报》编辑、记者，陕南公学政治处主任、陕南南下工作团大队长等职。中华人民共和国成立后，先后担任中共重庆市委青委副书记、青年团重庆市委副书记、书记、青年团西南工委常委，共青团中央学校工作部部长、办公厅主任、团中央书记处候补书记，中共高等教育部党组成员、高等教育部政治部第一副主任，中共重庆市委书记兼重庆大学党委书记、校长等职。1979年8月调教育部工作，任副部长、党组成员兼机关临时党委书记。1982年6月任中央宣传部副部长。1986年3月退居二线后，担任全国职工教育管委会副主任、中国高等教育学会副会长、全国高等学校思想政治教育研究会会长、全国爱国主义教育研究会名誉会长等职务。是第五届全国人大代表，中共十二大代表，第五届、第七届全国政协委员。1995年9月28日在北京病逝，终年75岁。

1991年，在川南师范建校九十周年之际，曾德林为母校挥毫寄语："继承革命传统，培养四有新人"。

**黎英海**（1927—2007） 四川省富顺县人。中国著名音乐教育家、作曲家。

1941年，怀揣音乐梦想的黎英海背着家人偷偷跑到泸州就读于川南师范，师从王立三。1943年，在王立三老师的支持鼓励下，考入国立音乐院，师从陈田鹤、弗兰克尔学习作曲，师从马思荪、拉扎列夫学习钢琴。1948年毕业后，主要从事作曲理论教学工作，历任湖南音乐专科学校、中原大学文艺学院、中南部队艺术学院教员，上海音乐学院讲师、副教授、作曲系副主任、民族作曲系主任、民族音乐研究室主任。中国音乐学院复院后，任创作研究部主任、教授、副院长。

黎英海

黎英海的社会职务甚多，他曾任中国音乐家协会常务理事，民族音乐委员会副主任，《歌曲》主编，北京音乐家协会副主席，中国民族管弦乐学会副会长，《歌曲》

顾问，北京音乐家协会艺术顾问、中国民族管弦乐学会荣誉会长。

2007年1月5日，黎英海在北京逝世，享年80岁。

黎英海是我国音乐界具有影响力的音乐家之一。他出版的专著有：《汉族调式及其和声》《五声音调钢琴指法练习》《民歌小曲五十首》《民歌独唱曲集》《歌曲即兴伴奏编配法》《春晓——黎英海歌曲选》《枫桥夜泊——黎英海顾谈如古诗词歌曲选》。创作有声乐作品：《在英雄墓旁》《枫桥夜泊》《小对花》《啊，高山》等独唱、合唱、群众歌曲、儿童歌曲，改编民歌《在银色的月光下》《嘎饿丽泰》等。器乐作品：《忆昔》（民乐）、《夕阳箫鼓》（钢琴、古曲改编）、《移宫变奏曲》（儿童钢琴曲）等。电影音乐：《伟大的起点》《两个小足球队》《海囚》等。

黎英海作曲的泸州师范校校歌

泸州
职业技术学院

# 第三部分　二级学院概览

# 一、师范学院

师范学院前身可追溯到创建于1901年的四川省第一所新学"川南经纬学堂"国文科。师范学院传承百年师范历史,以立德树人为根本,以"红色文化+教师文化"为引领,深耕儿童教育服务领域,现有学前教育、小学语文教育、小学英语教育、音乐教育、早期教育、小学教育六个专业,拥有全日制普通高职在校生约3500余人。建校以来向社会输送了50000余名师范类毕业生,成为基础教育人才队伍的"蓄水池",被誉为"川南幼儿教师与小学教师的摇篮"。

## ·人才培养

师范学院服务国家关于"教育强国""基础教育高 质量发展""实现幼有所育、幼有优育"等重大决策部署,按照"立足泸州、面向川渝、辐射全国"的服务定位,面向0—12岁儿童成长周期教育服务领域,紧密对接婴幼儿照护、幼小教育与服务岗位群,培养适应新发展阶段教育需要,具有高尚师德与教育情怀,具备创新能力与国际视野,善教善育、德技并修的高素质复合型技术技能人才。

学前教育专业:立足成渝地区双城经济圈,面向西部,辐射全国,培养德、智、体、美全面发展,具有良好职业道德和人文素养,掌握较系统的专业知识与专业技能,具备较强保育能力、活动设计能力、组织能力、实践反思与自我发展能力,善于沟通与合作,满足托幼机构、其他学前教育机构及与儿童相关的工作岗位需要的复合型学前教育人才。

小学语文教育专业:立足成渝地区双城经济圈,面向西部,培养适应基础教育发展需要,具有健全人格、高尚师德和现代教育理念,具备扎实的小学教育教学基础知识和基本技能,能在小学和教育培训机构胜任以语文课程为主的日常教学工作、班主任管理工作和教育行政工作的高素质技术技能人才。

小学英语教育专业：立足泸州，面向成渝地区双城经济圈，辐射渝、川、滇、黔，培养思想政治坚定、德技并修、全面发展，热爱儿童及小学英语教育事业，具备健全的人格与较好的人文科学素养，掌握扎实的英语教育基础理论和专业技能，具备初步的小学英语教育科研能力，能综合运用多种知识和技能组织小学英语教育活动，能在小学、幼儿园和培训机构等其他机构从事英语教学、教研、教育管理及其它相关工作的高素质英语教育人才。

音乐教育专业：立足成渝地区双城经济圈，面向渝西川南，辐射全国，培养德智体美劳全面发展，具备音乐教育专业领域的基本理论和基本技能，适应中小学、艺术学校的音乐教育工作需要，及适应社会教育培训机构的音乐教师或管理人员。

早期教育专业：立足成渝地区双城经济圈，面向渝西川南，辐射全国，培养德、智、体、美、劳全面发展，具有良好职业道德和人文素养，掌握较系统的婴幼儿专业知识与专业技能，具备较强的婴幼儿保育能力、活动设计能力与组织能力、家庭育儿早教指导能力、实践反思与自我发展能力，善于沟通与合作，满足托幼机构、早教机构、社区、家庭教育咨询机构及其他与婴幼儿相关岗位需要的高素质早期教育工作者。

小学教育专业：立足泸州，面向成渝地区双城经济圈，培养思想政治坚定，德智体美劳全面发展，具有良好的职业道德素质，掌握小学教育专业基本理论、知识和技能，适应基础教育发展需要，能在小学、教育机构和其他机构从事小学教学、教研及管理等相关工作的高素质复合型人才。

## ·科研教改

师范学院不断开展"三教"改革，课程、教材、教学建设成果丰硕，有省级精品在线开放课程等3门，职业教育国家规划教材7部，国家及省厅级课题50余项，CSSCI期刊、中文核心期刊等高水平学术论文100余篇，四川省人民政府优秀教学成果奖7项；主持国家、省部级等课题100余项，出版国家规划教材、学术专著35部，发表论文500余篇，获省部级教学科研成果奖等30余项，教学能力比赛获奖30人次。

## •师资队伍

团队素质优良、结构合理，教授16人，博士5人，高级职称占比52.17%。天府万人计划专家、四川省学术和技术带头人后备人选4人；省"师德楷模"、优秀教师等10人；四川省唯一学前教育双师型名师工作室1个，省级优秀教学团队、科研创新团队和"课程思政"示范教学团队3个；教师参加各类教学能力比赛获一等奖6项，树立了改革发展与教学创新的省级标杆。

## •开设专业

学前教育专业（创新发展行动计划省级骨干专业）

小学语文教育专业

小学英语教育专业

音乐教育专业

早期教育专业（国际合作试点专业）

小学教育专业

## •实训平台

与行业领军企业北京哥大诺博教育，共建经纬诺博幼儿园，成功入围"中国幼儿园500强（排名353）"，并获批全国"幼儿劳动教育实践基地"。牵头成立泸州学前教育职教集团，与行业知名企业成都金苹果教育、百年名校泸州师范附属小学校等开展实践教学深度合作，建成校外实训基地61个。拥有智能婴幼儿仿真实训室、游戏活动仿真实训室、幼儿手工与环创实训室、微格教学实训室、口语口译实训室、声乐实训室、琴房等校内实训室144间。

## •合作企业

与北京哥大诺博教育、幼乐美（北京）教育、成都金苹果教育、泸州美琪教育、百年名校泸州师范附属小学校等开展深度合作。产教融合实体化运行的泸州市龙马潭区经纬诺博幼儿园，建成了高品质普惠制幼儿园的标杆。

# 二、中国酒业学院

中国酒业学院是学校与中国酒业协会共建的二级学院，精准对接泸州"三大千亿产业"之一的白酒产业需求，围绕白酒产业链全过程，现有酿酒技术、市场营销、现代物流管理、食品质量与安全、环境监测技术5个专业，拥有在校生1200余人。培养了酿酒技术、营销、物流等人才1500余人，为区域白酒产业发展提供人才支撑。

## •科研教改

通过深入开展"三教"改革，建设成果丰硕。现有省、校级精品在线开放课程6门，教材专著9部，省级教学成果奖三等奖1项、校级教学成果奖一等奖1项；立项省部级科研课题30余项市级科研课题50余项，获授权发明专利、实用新型专利20余项，核心期刊发表论文50余篇，获四川省科技进步三等奖1项，树立了科研创新和教学改革的标杆。

## •师资队伍

现有专职教师32人，其中博士（含在读）10人，副高及以上职称10人，其中有四川省第十二批学术技术带头人后备人选1人，汾酒首席品酒师1人，全国石油和化工行业优秀科技工作者1人，全国白酒行业职业技能教师6人；兼职教师中，有教授级高工6人、中国酿酒大师3人、国家级白酒评委8人、中国白酒工艺大师1人、四川省酿酒大师2人、四川省白酒营销大师1人。

## •开设专业

酿酒技术专业（教育部第三批现代学徒制试点专业，四川省创新发展行动计划试点专业）

市场营销专业（国家骨干专业、省级优质重点专业）

现代物流管理专业（四川省自由贸易试验区专项重点支持专业）

食品质量安全专业

环境监测技术专业

## •实训平台

与四川郎酒股份有限公司共建"郎酒学院",搭建共建共管共享的校企协同育人平台,进行现代学徒制试点改革、订单班、成人大专定制班、郎酒菁英班等教学模式改革;与泸州老窖、国家固态酿造工程技术研究中心平台公司、四川省食品发酵工业研究设计院等,共建省内领先的四川同酿白酒产业技术研究院有限公司;与中国酒业协会、宜宾五粮液股份有限公司等联合建立服务于中国酒业人才队伍建设的专业教育机构。与白酒行业大师共建"蒋英丽酿酒技能大师工作室""沈毅白酒品评技能大师工作室""倪斌酿酒大师工作室""邬捷锋白酒营销大师工作室"。现有校外实训基地51个,拥有白酒品评室、泸州酒业职教集团、泸酒产业文化研究中心、泸州市生物医学工程研究所等9个创新服务平台和覆盖酿酒工艺及检测、食品检测、营销及现代物流等方向的实验实训室33间。

## •人才培养

酿酒技术专业:本专业立足白酒全产业链,主要培养德智体美劳全面发展,具有良好职业道德和人文素养,具有国际视野和终身学习能力,能胜任酿造工、分析检测师、品评与勾调师,具有高水平酿造技艺、品评勾调技能、分析检测技术的高素质技术技能人才。

市场营销专业:本专业围绕白酒全产业链,培养理想信念坚定,德、智、体、美、劳全面发展,具备良好的人文素养、职业道德、信息素养、创新意识、精益求精的工匠精神和爱岗敬业的劳动态度,能完成需求洞察、营销策划、品牌推广、客户互动等工作任务的,掌握数字化思维能力和数字化动手能力的高素质技术技能人才。

现代物流管理专业:本专业依托中国(四川)自贸区川南临港片区,基于物流自动化智能化新技术,融入一带一路港口经济圈,服务自贸区商贸经济发展的供应链智慧物流,培养理想信念坚定,能胜任国际物流、货运代理、销售物流，采购与供应链管理、港口物流等工作，具有国际视野和组织能力的高素质技术技能人才。

食品质量与安全专业：本专业依托泸州白酒千亿产业，旨在培养德、智、体、美、劳全面发展，具有良好职业道德和人文素养，掌握食品生产与质量管理、食品安全检测及控制、食品安全标准与法规等基本知识，具备食品质量安全管理、分析检测、食品安全评价等综合技术技能，并能在食品生产企业、食品流通行业及相关领域，从事食品质量安全检测、食品质量安全监管、食品安全管理与认证等工作的高素质技术技能人才。

环境监测技术专业：本专业依托泸州白酒千亿产业，培养具有良好的人文素养、职业道德和创新意识，精益求精的工匠精神，从事环境监测方案设计、环境样品采集与分析、环境监测报告编制、自动在线监测设备运营与管理及污染控制技术服务等工作的高素质技术技能人才。

• 合作企业

与中国酒业协会、泸州酒业协会、泸州环保产业协会等行业协会，与四川郎酒股份有限公司、泸州老窖股份有限公司、四川国检检测有限责任公司、阿里巴巴集团控股有限公司、贵州小糊涂仙酒业有限公司、杭州娃哈哈集团有限公司、迪卡侬体育用品有限公司、沃尔玛超市等50多家企业开展实践教学深度合作。搭建共建共管共享的校企协同育人平台。

# 三、人工智能与大数据学院

人工智能与大数据学院以"一核双翼两支撑"的发展思路重点建设大数据技术专业群，以大数据技术专业为核心，人工智能技术应用专业为"特色翼"，信息安全技术专业为"保障翼"，软件技术、计算机应用技术专业为支撑，服务四川"5+1"现代产业体系和泸州三大千亿产业。学院坚持"多元协同·证书融入·实战成才"培养模式，深化产教融合，培养大数据产业复合型技术技能人才。

## ·科研教改

引进国际系统与控制科学院院士、重庆国家应用数学中心主任杨新民教授建立院士工作站和人工智能与大数据工程技术研究中心。成立了泸州市电子信息职教集团、数据智能分析与处理重点实验室。教师团队获得国家自然科学基金重大项目3项，中国工程院、中国工程科技发展战略重庆研究院咨询研究项目1项，省市级科研课题30余项；出版国际级著作1项，国家级著作4项，SCI论文13篇，EI论文5篇，会议及中文核心论文50余篇，拥有国家级软件著作权12项、发明及实用新型专利12项、开放课题及国内外合作项目9项。

## ·师资队伍

学院共有教师47人，其中博士、教授6人，副教授、硕士以上教师占比达95%。获得全军科技进步二等奖1项、三等奖3项，省（部）级奖励10项，市（厅）级奖励5项，多名教师获评四川省青年岗位能手、酒城英才等称号。在四川省职业院校教师教学能力大赛中荣获二等奖1项、三等奖2项，教工团支部被立项为全省高校党建工作样板支部。

## ·开设专业

大数据技术专业

人工智能技术应用专业

信息安全技术应用专业

软件技术专业（国际范式——悉尼协议建设专业）

计算机应用技术专业

## ·实训平台

与华为共建华为ICT学院，在大数据、云计算、数据通信三个领域开展华为认证培训工作。与腾讯云共建"腾实学院",依托腾讯先进技术平台,开展人工智能专业实训。与国信蓝桥共建蓝桥学院,在大数据、企业级开发、Web前端领域开展专业共建,大力开展线上实训。建设"华为-泰克双创云",依托华为公有云资源及私有化部署,满足华为相关认证的所有实验线上完成;开通"蓝桥-实验楼"账号,通过公有云资源,满足大数据开发、程序设计等相关实验实训的线上实施。

## ·人才培养

大数据技术专业:专业建设立足泸州,服务西南,辐射全国,面向大数据采集分析、大数据应用开发、大数据可视化、大数据系统运维等职业群,掌握数据采集、数据分析、数据管理等知识和技能,培养能够胜任大数据应用、大数据采集和分析以及大数据系统管理与运维方向等工作的高素质复合型技术技能人才。

人工智能技术应用专业:面向智能制造、智能家居、智能交通、智能金融等行业的AI产品开发、AI产品维护和AI产品营销等职业群,培养具有良好人文素养、职业道德、信息素养等职业素质和具备人工智能技术开发、人工智能产品维护、机器视觉应用等专业技能的高素质复合型技术技能人才。

信息安全技术应用专业:围绕国家网络安全发展战略,培养拥有良好职业道德和法律素养,精通网络攻防、Web安全、数据库安全、网络安全设备应用等技术,具备网络渗透、网络安全事件应急处理能力,适应政府机关、企事业单位网络网络安全方案制定与实施、网络应急事件处理等需求的技术与管理人才。

软件技术专业:面向软件生产企业、信息技术服务企业、互联网企业以及与软件应用相关的政府机关、企事业单位,培养具备软件编码、软件测试、软件实施与维护等能力的一线高素质技术技能型人才。

计算机应用技术专业:培养拥有良好职业道德和工匠精神,精通计算机网络与云计算系统设计、建造、运营技术,具备计算机网络系统和云计算系统软硬件设备安装、配置、性能优化能力,适应政府机关、企事业单位计算机网络和云计算系统建设与运营管理需要的高素质技能型人才。

## •合作企业

与腾讯云共建腾实学院,建有计算机视觉、深度学习等实训室,开设疲劳驾驶、人脸识别、语音识别等实训项目。与国信蓝桥共建蓝桥学院,引入蓝桥新技术人才培养平台,致力于培养企业所需的应用型技术人才。与华为科技有限公司、泸州市委、市政府及泸州国家高新区"政园企校"四方共建华为ICT学院,培养云计算、大数据、人工智能、物联网、数据安全为代表的新一代信息技术产业技术技能型人才。

# 四、智能制造与汽车工程学院

智能制造与汽车工程学院坚持"敬业创新·精机智造"的育人理念,实施"1+1+1"专业建设模式。引入德国职业资格证书考评体系,推动德国"双元制"职教模式本土化改造。学院开设机电一体化技术、工业机器人技术、机械制造及自动化、汽车制造与试验技术四个专业。依托我院建有四川省机电一体化技术"双师型"名师工作室、四川中德培训学院、泸州产业技术创新战略联盟和智能制造泸州市重点实验室。

## •科研教改

学院现有省级和校级优秀教学团队各1个,团队教师获省级教学成果奖1项,四川省教育能力大赛一等奖2项,二等奖1项,三等奖2项;教师主持科技部项目1项,教育部人文社科项目1项,省级教改科研项目20余项;教职工获授权专利70余项,获全军科技进步二等奖1项、三等奖3项;近三年教师参与企业技术革新和新技术研发项目30余项。

## ·师资队伍

团队素质优良、结构合理，教授8人、博士5人，高级职称占比43.8%。教师中有四川省突贡献专家1名，四川省学术和技术带头人（后备）人选2名，泸州市拔尖人才1名。教师团队获评"酒城英才·智能制造创新团队"和"泸州市工人先锋号"称号。

## ·开设专业

工业机器人技术专业（中德合作专业）

机电一体化技术专业（教育部认定骨干专业、省级重点专业、中德合作专业）

机械制造及自动化专业（中德合作专业）

汽车制造与试验技术专业（中央财政支持建设专业）

汽车电子技术专业

## ·实训平台

建立了先进制造实训基地、高性能液压智能制造生产性实训基地、智能制造实训中心、整车实训中心等10余个校内实训基地，70余个理实一体化教室；与工业和信息化部人才交流中心联合成立"中德西南智能工业机器人产学研示范基地"；联合中国航天川南火工技术有限公司及十余家上下游企业共同成立"泸州市航天产业先进制造科技创新战略联盟"；学院与吉利汽车集团有限公司共建"吉利汽车产业学院"；学院还与成都豪能传动技术有限公司、四川邦立重机有限责任公司、京东方科技集团股份有限公司、鸿准精密模具有限公司等100余家大型企业开展校企合作，共建校外实训基地。

## ·人才培养

专业群引进德国"HWK职业资格证书"标准和课程体系，建立"HWK四川考试中心"，开展德国职业教育本土改造，毕业生培养质量显著提升，毕业高端就业率达50%。近五年学生在全国、省、市比赛中获50余项大奖，其中学生参加第六届和第七届"中国国际互联网+大学生创新创业大赛"共获得省赛金奖5项,国赛铜奖3项;获得四川省第十六届大学生挑战杯课外学术科技作品竞赛一等奖1项(高职院校唯一)。

• 国际合作

对标国际先进标准,培养卓越技能人才。学院与德累斯顿工业大学职业教育与继续教育学院、德国手工业协会(HWK)开展职教合作,在我院成立"四川中德培训学院""HWK四川考试中心",推动德国"双元制"职教模式本土化改造。先后举办两届"中德职业教育合作论坛",牵头成立"泸州中德职教联盟",发挥了国际交流的区域示范作用。近3年来,共有142名学生通过考试并取得HWK职业资格证书,20余名学生赴德国本土就业。

服务"一带一路",开展留学生培训。专业群与南非中国文化交流合作中心合作开展"南非留学生机电一体化专业国际合作",首批23名南非留学生已完成学习任务。

# 五、电气与电子工程学院

电气与电子工程学院开设有电力系统自动化、电梯工程技术、建筑智能化工程技术、应用电子技术、电子信息工程技术等5个专业,现有在校生1300余人。

电气与电子工程学院秉承原四川省水利机电学校近50年的办学历史,以"培养电子兴业之将、打造未来能源之师"为育人目标,准确定位于"造工匠,育英才"的职业教育核心任务,紧密围绕成渝双城经济圈、泸州电子信息产业等区域经济产业需求,与地方行业协会、龙头企业、知名企业,探索产教融合的深度校企合作模式,以行业龙头企业为桥梁、校企协同、造泸职工匠,育行业英才。

## ·科研教改

学院大力推进科技服务专业、服务产业，在科研、教育教学改革等方面取得了显著成果。近三年，团队成员主持、参研《饮料容器连续清洗作业用水循环装置及远程智能化管理系统的示范应用》《改性高分子材料的研发及在包装材料制品中的产业化应用》《新能源汽车充电桩智能快速充电关键技术研究及应用示范》《混合现实技术(MR)在应用电子技术专业中的应用研究》等省部级科研与教改项目6项、市级项目10项、校级项目20余项；在SCI、中文核心期刊等高水平期刊发表学术论文30余篇，获校级教学成果奖3项。

## ·师资队伍

学院现有专兼职教师40余人，其中楚天学者1人、四川省有突出贡献的优秀专家1人、泸州市酒城英才2人、教授5人，副教授7人，博士(含在读)5人，高级工程师2人，工程师2人，技师10人，高级工10人，讲师16人，研究生15人，实验师1人；60%的教师先后到德国、新加坡、澳大利亚等交流学习。教师近三年在四川省职业院校教师教学能力大赛中荣获二等奖1项、三等奖2项。多名教师荣获市、校级"优秀科技工作者""优秀教师"等荣誉称号。

## ·开设专业

应用电子技术专业(学校国际范式建设试点专业、1+X证书制度试点专业)

电梯工程技术专业

电力系统自动化技术专业(国家级高技能人才基地建设专业)

电子信息工程技术专业(中英合作专业)

## ·实训平台

学院有中央财政支持建设的电工与电子实践教学基地，与OTIS合作共建的电梯安装与维修生产性实训基地，校级SMT先进电子制造虚拟仿真实训基地、校级智能电子产品维修生产性实训基地等富有特色的实践教学平台，有各类实践教学设备800余台套，设备总价值近千万元。

## •人才培养

学院主要致力于瞄准产业需求，培养电子信息、能源、智能控制与通信等领域的技术技能型人才。与地方行业协会、行业龙头企业探索产教融合的深度校企合作模式；以行业龙头企业为桥梁、校企协同育人，提升人才培养质量。

电力系统及自动化技术专业：专业紧贴社会需求，主要面向电力、工矿、建筑等行业培养掌握电力系统设备的运行、监控、维护与管理等知识和技术，能够在发电厂、变电站及供配电系统等领域从事变电站运行、电气设备安装、调试与检修、电气设计与开发、新能源应用等工作的高素质、技术技能型人才。

应用电子技术专业：专业紧贴社会需求，参照国际范式"悉尼协议"职业教育模式；面向现代电子产品智能制造与物联网技术应用领域，培养能从事电子产品辅助设计、智能制造、测试、销售，以及物联网工程设计与施工等工作的高素质、技术技能型人才。

电子信息工程技术专业：专业紧贴社会需求，围绕电子、通信、IT、移动互联网等行业，面向计算机、通信和其他电子设备制造行业，培养能够从事通信电子设备装配、调试、检验、检测与维修，电子设备生产管理、电子信息系统集成、电子产品设计开发等工作的高素质、技术技能型人才。

电梯工程技术专业：专业紧贴社会需求，与OTIS、上海三菱电梯等全球电梯行业龙头企业开展深度校企合作，校企共育，培养掌握电梯控制技术、电梯结构与工作原理等基本知识，具备电梯安装、检测与维修、销售、项目管理等能力，能够从事电梯设备及其控制系统的安装、检测、调试、维护、保养、检修、产品销售、技术改造与项目管理等工作的高素质、技术技能型人才。

建筑智能化工程技术专业：专业紧贴社会需求，面向现代智能楼宇装备生产制造、现代服务业等行业，培养掌握智能楼宇强弱电设备应用工程技术岗位职业技能，具备现代智能楼宇设备安装、调试、维护与工程管理等能力的高素质、技术技能型人才。

## •合作企业

与OTIS、三菱电梯、京东方、中电十所、OPPO通信、中兴通信等多家企业合作开办订单班、校企合作班。其中，与全球知名的电梯企业、世界500强企业——OTIS电梯管理有限公司达成深度校企合作关系，开展产教融合、校企协同育人的教学改革。我院成为OTIS准一级培训学院，在我校公共实训基地校企共建了电梯安装与维修生产性实训基地，企业方深度参与人才培养方案的制定、核心专业课程的教学等育人工作，校企协同开展电梯安装与维修岗位核心技能培养。

# 六、智能建造学院

智能建造学院已有50余年的办学历史，共开设六个专业，在校学生1500余人。学校是四川省建设人才开发促进会常务副理事长单位，"酒城职教集团"副理事长单位，泸州市造价工程师协会常务副理事长单位、泸州市园林绿化协会副会长单位、泸州市测绘协会副会长单位。2018年学院被教育部高校毕业生就业协会确定为"全国应用型人才培养工程基地"，学院秉承"建人生理想、筑事业丰碑、系家国天下"的育人理念，培养了大批建筑行业人才，为国家和地方经济发展做出了重要贡献。

## •科研教改

完成教研、科研课题90余项，编著教材50余部，发表论文近300余篇；建成省级精品在线开放课程2门，校级精品在线开放课程28门；学生在国家、省级技能大赛中获奖120余项。毕业生就业率长年保持在98%以上，其中在央企、国企就业率达30%以上。

## •师资队伍

专任教师51人，其中教授2人、副教授11人，博士、硕士研究生34人，高级工程师8人、一级建造师7人、一级造价工程师4人、二级建造师35人、国家注册测绘师3人、监理工程师2人、咨询工程师（投资）2人，省级评标专家3人，教师获四川省教师教学能力大赛一等奖4人、二等奖8人、三等奖8人。

## •开设专业

建筑工程技术专业（四川省优质高职院校建设项目重点专业、悉尼协议建设国际范示专业）

建筑工程造价专业（国家级工程造价生产性实训基地认定专业）

建筑装饰工程技术专业（现代学徒制试点专业）

建筑工程测量技术专业

园林工程技术专业（教育部"1+x"建筑信息模型（BIM）职业技能等级证书考评试点专业）

水利水电工程技术专业

## •实训平台

已建成五个校内实训中心：建筑构造实训中心、建筑材料检测实训中心、建筑工程技术实训中心、建筑工程信息技术中心、文案技能中心。有中央财政支持的校内实训基地1个，国家级工程造价生产性实训基地1个，世界技能大赛选拔培训与比赛基地1个。

## •人才培养

建筑工程技术专业：培养具有建筑施工技术、建筑施工管理等方面的知识和技能，能够从事建筑工程施工和管理的高素质技能型人才。

工程造价专业：培养从事工程造价工作的高素质复合型技术技能人才。

建筑装饰工程技术专业：培养具有建筑装饰设计、建筑装饰施工技术与管理等岗位职业技术技能人才。

工程测量技术专业：本专业培养从事控制测量、工程施工测量、工程变形监测、线路与桥隧测量、地下管线测量等工作的高素质复合型技术技能人才。

园林工程技术专业：培养从事园林景观设计、园林工程施工与管理、园林植物栽培与养护的高素质技术应用性设计与管理人才。

水利水电工程技术专业：本专业培养具有水利水电工程施工技术应用及组织管理、施工质量控制、安全管理、工程招标投标和施工企业经营管理的高端技术技能复合型人才。

· 合作企业

中国建筑科学研究院、兴泸投资集团有限公司、四川精衡信建设工程检测有限公司、中国化学工程第七建设有限公司、中国核工业华东集团、中交上航局、中交三航局、中冶建工集团、中铁二十二局、中铁二十五局、中铁广州工程局、兴泸投资集团、四川江阳建设集团、四川自力建筑勘测设计有限公司、南方测绘工程公司等几十家建筑企业建立了深度的校企合作关系。

# 七、数字经济学院

数字经济学院开设电子商务、大数据与会计、金融服务与管理、应用英语等4个专业。学生规模1700余人。

学院坚持"凝聚众智、勤思笃行、造就人才、传播文明"的理念，培养"激情飞扬、笃学自强、胸怀宽广、敢于担当"的优秀人才，服务面向中国（四川）自贸区川南临港片区、中国跨境电商综合试验区，与中商智库联合共建国家级学术平台和高端战略智库——"丝路（长江）商贸发展研究基地"，全面构建"智库支撑、人才培养、教育培训、文化传承与创新"四位一体的社会服务体系。

## ·科研教改

　　学院创新性构建"四商融通"人才培养体系，大力推进专业教学改革，全面开展大学生商务素养提升计划和商业菁英培养计划，积极探索课证融通，试点教育部1+X项目（电子商务数据分析师、业财一体信息化师）2个，学生荣获全国大学生电子商务创新创意及创业大赛一等奖、全国职业院校税务技能大赛二等奖、全国高职院校管理会计技能大赛二等奖等国家级奖项。近年来学院取得省市级教改课题20余项、科研课题40余项，并积极开展社会服务，科技服务到账金额200余万元、社会培训500余场。

## ·师资队伍

　　学院现有教职工34人，其中教授、副教授、在读博士11人，多名教师荣获省市优秀教师、市拔尖人才、市学术技术带头人称号。聘请营销大师、注册会计师、职业经理人等兼职教师近20人。近年来在四川省职业院校教师教学能力大赛中荣获三等奖3项。曾庆双教授荣获2020年"四川省教书育人名师"称号。

## ·开设专业

　　电子商务专业（教育部1+X商务数据分析师试点专业）
　　大数据与会计专业（（教育部1+X业财一体信息化师试点专业）
　　金融服务与管理专业（（互联网金融方向）
　　应用英语专业（（跨境电商方向）

## ·实训平台

　　学院基于新商科优势和专业特色构建综合实训中心，拥有中商智库专家工作室、新零售直播中心、数字营销中心、教学超市、金融项目中心、智能财税虚拟仿真实训中心等22间校内实训室和40余个校外实习实训基地，同时面向行业企业开展技能培训和技术服务。

## •人才培养

电子商务专业：面向自贸区、转型需求企业、政府商务管理部门，以创业教育为抓手，企业项目为载体，实现技术技能培养与创新创业教育深度融合，"学创"合一的人才培养模式，培养具有电子商务项目策划与运营、网络平台构建与管理、全网营销、跨境电商交易技能的互联网创业创业双轨人才。

大数据与会计专业：顺应数字经济时代新要求，形成工学交替、理实一体的人才培养模式。培养具有会计业务核算、会计信息化应用、税务处理、财务分析决策等核心技能，以及业财税融合的高素质技术技能型人才。

金融服务与管理专业：融合互联网金融创新发展趋势，面向银行、证券、投资类金融企业，培养具有金融分析、理财规划、证券投资管理等核心技能的高素质技术技能型人才。

应用英语专业：坚持"以英语为基础（English），以外贸职业技能为核心（Professional Skills），以商务综合能力为支撑（Business Abilities）"的"PEB"人才培养模式，培养适应对外商务、贸易、服务业发展需求，能在涉外企事业单位，外贸、外事等领域从事贸易、管理、服务等相关工作的高素质技能型人才。

## •合作企业

与百度、阿里巴巴、京东、沃尔玛、永辉、泛华金控、国泰君安证券、科捷物流、四川长信会计师事务所等多家企业合作开办订单班。

# 八、数字创意学院

数字创意学院现有数字媒体技术、动漫制作技术、艺术设计、环境艺术设计、书画艺术5个专业,在校生近1000人,是全国职业院校民族文化传承与创新示范专业点、泸州市非物质文化遗产普及基地。学院以"创意、创新、创造"为核心理念,紧密对接数字创意产业,围绕非物质文化遗产传承、保护与创新,努力打造融优秀民族文化与现代创意设计、信息技术、产品制作及文创衍生为一体的产业学院。

## • 科研教改

近年来,数字创意学院建成全国职业院校民族文化传承与创新示范专业点1个,省级创新创业示范课程2门,省级"课程思政"示范课程1门,省级高校中华优秀传统文化重点建设系列课程1门,市级非遗科普基地1个,省厅级科研教改课题25项,主编、参编教材10余部,在国家级、省级学术刊物上发表论文100余篇。

## • 师资队伍

数字创意学院现有专兼职教师36人,其中副高以上职称7人,博士、硕士19人。近年来,我院教师团队在立足高职专业人才培养的基础上,加强优秀传统文化和数字创意产业的衔接融合,以服务地方经济的应用性研究为主线,不断深化三教改革,师资队伍结构不断优化,教学实力显著提升。

## • 开设专业

数字媒体技术专业(四川省现代学徒制试点专业、国家级1+X证书试点专业)

艺术设计专业(全国职业院校民族文化传承与创新示范专业点)

动漫制作技术专业

环境艺术设计专业

书画艺术专业

## •实训平台

学院现有泸州市非遗普及基地、书画大师工作室、传统技艺大师工作室、文创设计中心、数字化媒体制作实训基地、3D打印创意中心、室内设计工作室等实训平台21个，既可承担专业教学实训任务，并可开展文创产品开发设计等产教融合项目。学院依托学校经纬教育管理集团旗下泸州经纬文化传媒有限公司，深入开展产教融合，搭建了产学一体化平台。

## •人才培养

数字媒体技术专业：面向UI设计、平面广告、网页设计、广播、电视、电影和影视录音制作业等行业的视觉设计、技术编辑、音像电子出版物编辑、音视频剪辑、影视后期处理等职业群，培养能够从事内容编辑、视觉设计、创意设计、数字媒体应用开发等数字媒体产品设计和制作等工作的高素质技能人才。

艺术设计专业：培养具有现代设计理念和创新思维，了解社艺术设计语言，熟练掌握平面设计、动效设计的工具与技能，能胜任平面设计、包装设计、插画设计以及UI设计、电商美工、美术培训等工作岗位的高素质复合型技术技能人才。

环境艺术设计专业：培养能够胜任室内设计、园林景观设计、建筑外立面设计以及室内外环境工程的施工指导与项目管理等工作的高素质复合型技术技能人才。

书画艺术专业：面向教育培训、商业美术、文化出版、企事业文化部门等领域，培养具备从事中、小学幼儿园及社会书法、美术书画基础教学、书画装裱、书画创作等工作岗位的高素质复合型技术技能人才。

动漫制作技术专业：面向游戏美术、电视、电影和影视录音制作等行业的游戏美术设计人员、动画设计人员、数字媒体艺术专业人员等职业群，培养能够胜任插画设计、概念设计、模型制作、动画制作、非线性编辑等工作的高素质复合型技术技能人才。

## •合作企业

国信蓝桥教育科技 (北京) 股份有限公司、新迈尔 (北京) 科技有限公司、四川绘枫天成艺品装饰设计工程有限公司、四川麦田时光影视文化有限公司、泸州经纬文化传媒有限公司、泸州经纬数字技术有限公司等。

# 九、文旅学院

文行忠信,旅通经纬。文旅学院秉承百年校史精神,以创新方式延续卓越传统,以酒店管理与数字化运营专业为龙头,带动旅游管理、烹饪工艺与营养、会展策划与管理、休闲体育专业集群发展,致力于培养有社会之责任、敬业之精神、博爱之胸怀、国际之视野的文旅英才。

## •科研教改

文旅学院以建设一流产教融合型文旅学院为目标,打造"高品质酒店建设""国际化高端服务管理人才培养"两大业界标准,建设集高端酒店及泛服务业教育培训、餐饮制作品鉴与管理、国际会展、休闲体育人才培养为一体的产教融合创新示范基地。学生荣获2021年全国职业院校技能大赛烹饪赛项三等奖、四川省职业院校技能大赛烹饪赛项一等奖、首届"川渝杯"职业院校技能大赛烹饪赛项一等奖、全国旅游院校服务技能 (饭店服务) 中餐宴会摆台项目三等奖、四川省导游技能大赛二等奖、四川省国际"互联网+"大学生创新创业大赛一等奖、全国大学生电子商务"创新、创意及创业"挑战赛一等奖等多项大奖。

## •师资队伍

文旅学院现有专兼职教师44人,教授、博士4名,"双师型"教师比例100%,多名教师拥有英国、德国、日本、印度、意大利、西班牙等国家留学经历,形成国际化师资团队。近三年,教学团队开展国家及省厅、市级课题研究30余项，横向课题到账经费60余万元，在CSSCI、中文核心期刊发表高水平学术论文20余篇，荣获市哲学社会科学优秀成果奖3项，2021年荣获四川省教师教学能力大赛一等奖并入围国赛。

•开设专业

酒店管理与数字化运营专业（洲际集团人力资源开发全球示范项目）

旅游管理专业（四川省示范校重点专业）

烹饪工艺与营养专业（非遗技艺传承专业）

会展策划与管理专业

休闲体育专业

•实训平台

文旅学院与国际国内两大顶级酒店业巨头——洲际集团、首旅集团共建龙涧假日酒店、泸州建国饭店两大生产性实训基地，师生自主运营地标性城市文旅综合体"酒城文创美食街"，拥有景区全景体验式讲解实训室、旅行社运营实训室、中西餐、客房、茶艺、酒水酒吧等27个校内实训室。

•人才培养

酒店管理与数字化运营专业：依托"洲际英才学院"人力资源开发全球示范项目，以高薪高位就业为导向，开展"金钥匙"专业服务训练，通过学校教师和企业导师双主体育人、学校学生和企业员工双身份学习、学校课堂和企业岗位双场所教学，培养具有创新精神，熟悉国际接待服务惯例，熟练掌握一门工作外语，胜任高星级酒店中基层部门运营、管理任务的高素质技能人才。

烹饪工艺与营养专业：依托地标性城市文旅综合体"酒城文创美食街"，传承泸菜文化，创新研发特色菜品，开展"五星大厨"师徒制创业项目实践，自主运营地方风味餐厅，培养具有创新精神，从事烹饪制作、膳食营养配餐、厨政管理、餐饮管理、餐饮创业等工作的高素质技术技能人才。

　　旅游管理专业：依托学校校史馆、科技馆、书画艺术馆、泸菜博物馆、家风馆，以"金桂花"导游讲解服务项目和研学旅游创业项目实践为重点，培养具有创新精神，从事导游员、讲解员，景区及旅行社运营管理工作的高素质技术技能人才。

　　会展策划与管理专业：依托酒博会、商博会、农博会等大型会展项目，开展"金手指"会展服务项目实践，通过"校企对接、能力引领、实战驱动"的人才培养模式改革，培养具有创新精神，具备活动策划、招商招展、展览现场服务能力，能够胜任会展策划、销售、服务、管理等工作的高素质技能人才。

　　休闲体育专业：依托成渝双城经济圈区域赛事中心建设，以水上运动为特色，开展"金桂冠"运动赛事服务和休闲运动培训项目实践，培养具有创新精神，从事休闲体育运动项目指导、活动与赛事组织管理、休闲体育旅游策划推广等工作的高素质技术技能人才。

• 合作企业

　　拥有首旅集团、洲际、希尔顿、凯宾斯基等遍及北京、上海、杭州、深圳、厦门、成都等大城市的国际超一流五星级酒店组成的校外实训基地与就业合作单位，建立了畅通的人才培养输送渠道。

# 十、国际教育学院（国际交流合作处）

　　国际教育学院前身创办于1975年，是川南地区最早建立的专门培养和培训英语教师的基地，泸州市外语人才孵化基地。现国际教育学院和国际交流与合作处合署办公，负责学校公共英语课程的教学和国际交流与合作工作。现有专兼职教师22人，其中副高以上职称、硕士以上学位教师18人，具有国外留学经历的教师9人，师资力量雄厚，教学科研与社会服务能力强。常驻外籍教师4人。

## •开展工作

学院按照"基础"+"拓展"的教学体系,开展全校大学英语课程教学。主要构建四大模块:语言基础知识及技能模块(基础),行业英语模块(拓展),人文素养提升模块(拓展),考级和升学模块(拓展),实施分层分类教学。

坚持引进来和走出去并重,按照"一带一路"倡议和新时代教育对外开放要求。牵头组建"四川中德培训学院",成立"德国HWK四川考试中心", 成立"泸州中德职教联盟", 开展机电一体化技术(HWK机电一体化师)、机械制造与自动化(HWK精密机械加工师)职业资格认证。依托机电一体化专业招收南非学生23名,校企融合共同培养。与英国曼彻斯特城市大学、日本京都情报大学院大学合作开展学生专升硕、师资培训等项目,与新加坡智源教育学院合作开展"国际婴幼儿培育框架课程"培训。依托马来西亚国际文化交流中心招收东南亚留学生全面提升学校国际化办学水平。

## •取得成就

1名美国籍教师康妮曾荣获"四川省优秀外籍教师""四川省金顶奖"。近年来,学院教师在首届四川省普通高等学校外语课程思政教学比赛中荣获一等奖;在"外教社杯"全国高校外语教学大赛中,荣获(职业院校组)四川赛区一等奖;在四川省教师教学能力大赛中荣获省二等奖。

近年来,学院教师指导学生参加各项技能竞赛喜获佳绩。在全国大学生英语竞赛中荣获D类全国特等奖和多项全国一、二、三等奖;在2020年"外研社国才杯"全国大学生英语写作大赛(高职组)中荣获全国二等奖2项,在2020年"外研社国才杯"四川省高等职业院校学生英语挑战赛写作比赛和阅读比赛中分别荣获三项省一等奖和一项省二等奖。

学院大力推进教改、科研工作,近年来立项省部级教改科研项目10余项, 市级项目20余项,在国际国内期刊发表论文100余篇,出版教材和著作10余部。同时还积极开展大量的社会培训。

· 发展目标

通过全校大学英语教学计划的实施，培养学生学习英语和应用英语的能力，为学生未来继续学习和终身发展奠定良好的英语基础。培养学生良好的英语学科核心素养，助力学生学业提升。

贯彻落实"一带一路"倡议和新时代教育对外开放要求，引进国际先进职教标准进行本土化改造，抢抓高职教育国际化发展新机遇，实施中外合作办学，开展"国内高职+国外本硕"贯通培养，培养国际化复合型高素质人才。参与"鲁班工坊"建设，实施"中文+职业技能"项目，开发"汉语+"技能培训，输出国际化教学资源。促进"一带一路"人文交流，打造国际交流合作"泸职模式"，全面提升学校国际化办学水平。

# 十一、通识教育学院

通识教育学院现有专兼职教师35人，其中教授3人，副教授13人，省级学术技术带头人后备人选1人，高职体育骨干教师2人，泸州市知名教师1人，院级学术技术带头人1名，专业带头人1名，骨干教师7名。学校现拥有省内高职院校一流的体育教学、训练实训场地，建成多功能体育馆1个，恒温游泳馆1个，400米标准田径场1片，标准的11人制足球场1片，8人制足球场1片，室内外篮球场16片，室内外排球场4片，室内外羽毛球场15片，网球场2片，室内外乒乓球台40余个，健身房3间，以及单车室、棋牌室、赛事策划室、瑜伽馆、素质拓展基地等。能承担学校体育教学及训练、校园体育文化传播、社会体育培训及比赛服务等。

· 开展工作

学院设有数学教研室、公共体育教研室，主要承担高等数学、体育与健康、大学生健康教育等公共基础课程教学及小学教育专业的小学数学教材教法、初等数学研究、小学自然科学课程与教学法等专业课程的教学，还承担着全院的体育运动、数学建模、自然科学竞赛等工作。

学院积极开展学生课外活动，不断拓展课程空间，努力提升学生综合素质。组织建设了数学实验、数学建模协会、田径、跆拳道、围棋、桥牌、篮球、羽毛球、乒乓球、足球、健美操、排舞、游泳、健身俱乐部等，且科学、有序开展工作，丰富了校园文化，提升了学生的综合素质。

## •取得成就

学院教师具有较强的教育教学及科研能力，主持和主研省级科研课题近20项，获省级教学成果奖2项，市级科研课题20多项，院级科研教改课题20多项，院级精品课程3项，编著教材、著作40余部。近年来，在核心刊物和公开刊物上发表论文300多篇，获四川省高校论文科报会一等奖3项、二等奖7项，获四川省高校说课比赛一等奖3项、二等奖2项。数学与体育教学团队已建设为院级优秀教学团队，近年来在四川省职业院校教师教学能力大赛中荣获二等奖1项，三等奖1项。

组织学生参加各级各类比赛，参加全国大学生数学建模比赛获全国二等奖2项、省奖13项，参加省高职院校师范生教学能力比赛获省一等奖1项、省二等奖1项，参加四川省高职田径运动会获男子团体第一、女子团体第二、破省纪录12项，获全国排舞总决赛一等奖3项，省高职健美操比赛一等奖4项，省跆拳道比赛一等奖2项，省高校武术套路比赛金牌1项、银牌2项。

## •发展目标

学院将以校实训平台中心为依托，组建校级运动促进健康理论与实践创新团队，深入开展运动促进健康理论、体育康复与运动干预、健身方法实践实训与研究工作，并组建泸州职业技术学院青少年体育训练中心，深化社会服务，建成省内一流的青少年体育训练中心。学院坚持"培思益智、尚德弘体"的理念，服务学生、服务专业，重视学生的思维品质、身心健康、人格健全、科学精神、社会责任感的提升，培养学生成为"品德好、懂感恩、有特长、会生活"的新青年。

# 十二、马克思主义学院

马克思主义学院是校党委直属的教学科研机构，负责全校各专业、各层次的思想政治理论课教学和管理任务，是大学生思想政治教育的主渠道，是坚持社会主义办学方向的重要阵地。现有专兼职教师59名，教授9人、副教授16人，硕士38人，博士3人，博士后1人。

## ·开展工作

思政课是落实立德树人的关键课程，学院思政课采用"3+N"模式，即3门主课加选修课，拓展学生在理论涵养方面的深度和广度。公选课《百年经纬红色岁月》以知名校友的故事、作品、精神为主要内容，以学校的人文景观为第二课堂，让学生在行走中学习，在行动中感悟，是一门独具特色的思想政治教育拓展类素质课程。《劳动合同法》结合职业院校学生的实际情况，以学生能在今后的工作中自觉遵守和运用劳动合同法为课程目标，为培养学生成为高素质职业型人才奠定基础。两门公选课采用团队授课形式，一名教师负责一个版块，促进教师深入研究内容，改进教学形式，实现1名思政教师+1个精彩课堂+1篇学术论文。实践课采用阵地加项目方式，即马克思主义读书会加4个实践项目。思想政治理论课拥有泸州职业技术学院校史馆、科技馆、家风家教馆以及泸州市十八个爱国主义教育基地作为实践课教学基地。采用"3+1"模式，即3个通用项目+1个专业结合项目。这种项目化实践教学模式，能拓展学生的学习时间和空间，能落实立德树人的根本任务。马克思主义学院多名教师是泸州市委理论宣讲团成员，多年来教师们在机关、学校、社区、企业园区、村镇开展理论宣讲20多场。举办了泸州市乌蒙山区中小学思政教师素质能力提升培训班，集中培养数百名中小学教师。

## ·取得成绩

秉承"教改促进科研，科研反哺教学"的理念，学院融百年校史文化、地方红色文化和优秀传统文化为一体的项目化实践教学模式，理论教学、实践教学、自主研学、网络助学四位一体，精彩纷呈。《思想道德与法治》《毛泽东思想和中国特色社会主义理论体系概论》是校级精品在线课程，《毛泽东思想和中国特色社会主义理论体系概论》被认定为省级思政示范课，实现了线上线下结合的互动教学。教师发表论文200多篇，承担各级各类科研课题40多项，公开出版教材论著8部，省市级教学科研成果奖8项。省级优秀教师1名，泸州市十佳思政教学名师2名，泸州市十佳思政教学改革成果奖2项。教师获得省级以上教学能力大赛奖7项。

· 发展目标

未来马克思主义学院将秉承"马院姓马，在马言马；实事求是，与时俱进"的工作理念，围绕立德树人的根本任务，以学生为主体、以教师为主导、以"双高"建设为目标，积极进行教育教学改革，大胆探索适合高职学生特点和学校办学特色的教学模式和教学方法，为培养德智体美劳全面发展的新时代中国特色社会主义合格建设者和接班人、培养担当民族复兴大任的时代新人做出不懈努力。

# 十三、豪能学院

豪能学院（继续教育学院）是泸州职业技术学院（泸州技师学院）下设的二级学院，是面向校内外举办继续教育的统筹管理服务部门，主要负责组织实施非学历教育培训、成人学历教育、高等教育自学考试、技能培训、职业技能等级认定和各类社会培训，现有在岗人员21人。

学院以习近平新时代中国特色社会主义思想和党的十九大精神为指导，紧紧围绕服务地方经济这一目标，依托泸州职业技术学院（泸州技师学院）优质的教育教学资源，整合社会教育资源，服务于区域继续教育工作。学院坚持"规范办学、强化管理、确保质量、提升效益"的发展思路和要求，以学院转型发展为主线，努力创新工作思路，不断拓展办学空间，重点开展以党政机关领导干部、企事业单位管理人员和各行业专业技术人员为主的非学历继续教育以及人社部门的技能培训、等级认定工作。

## •开展工作

学院在发展中逐步形成了多层次（大专、本科），多形式（自学考试、成人教育、网络教育），多门类（工程类、管理类、教育类、艺术类等）的继续教育办学格局，与四川大学、西华大学、西南科技大学等7所高校联办了酒店管理、电子信息技术、数字媒体艺术等41个本、专科专业。近三年，累计招收学历提升学员近1000人，为广大在校学生和社会有志青年提供了继续学习的机会。开展了全省街道社区党组织书记加强城市基层党建工作培训、四川省大学生志愿服务西部计划培训志愿者培训、市纪委监委纪检监察干部培训等培训，年培训30000余人次，为我市经济社会发展培养了数以万计的高素质技术技能人才。

## •取得成就

学院积极打造地方特色品牌项目，目前已挂牌国家高技能人才培训基地、国家职业技能鉴定所、四川省委组织部大学生村干部创业培训基地、四川省退役军人职业技能承训基地、四川省乡村旅游培训基地、四川省统计人才培训基地、泸州市保密培训基地、泸州市农村技能培训基地、泸州市乡村振兴党员（同心）学院等。是四川省职业技能等级认定试点第三方评价机构，能承担机械及制造、电子电工、建筑等24项职业技能等级认定，年培训、鉴定10万人日以上。

## •发展目标

学院将以"培养人才、服务社会"为使命，充分发挥学校教育优势，体现区域特色，开拓合作办学领域，开发有特色的继续教育项目，打造精品培训课程体系，不断提高办学质量和服务水平，建设高水平师资队伍，实现由

"适应社会需求"向"引领社会需求"的发展目标转变,为建设学习型社会和服务区域经济发展做出更大贡献。

玉阶素质教育中心

室内体育馆、恒温游泳馆

瀘州職業技術學院

職業技術學院

# 第四部分　附　录

# 一、校史文存（节选）

## 1.赵熙诗节选

赵熙（1867—1948），字尧生，号香宋，荣县（今属四川省）人，是蜀中知名学者，以词、曲见长。他的诗兼宗唐宋，邃远的意境与多彩的辞藻，完美地结合在一起，给人以美的享受。著有《香宋诗集》《香宋词集》。

### 赠朱玉阶将军
#### （1918）

只有人心能救世，西南半壁赖扶持。

读书已过五千卷，一剑曾当百万师。

朱德将军，字玉阶，时在滇军蔡锷部任职，参加护国军讨袁之役，转战入川驻防泸州。喜治诗古文辞。孙炳文为赵熙弟子，在朱德将军参赞军事。经孙介绍，朱德投贽问学。赵熙以诗相赠，高度赞扬朱德文才武功。《赵熙集》案："朱德字玉阶，时率滇军驻节泸州，喜治诗古文辞，门人孙炳文方任职其部，尝因孙介绍，寄相片投贽，诗以答之。"

[注释] 只有句：谓护国军讨袁，深得人心，故能定乱救世。

西南句：蔡锷因病离川，川滇军之间，内争暗起，四川局势趋于紧张，故希望朱德将军从中维持以安定西南。

读书句：称赞朱德好读书，读书多。

一剑句：引王维《老将行》："一身转战三千里，一剑曾当百万师。"赞朱卓越的军事才能。

光绪二十七年（1901），兴办川南经纬学堂时，他受聘出任监督（校长），提出"合德智体而为士，通天地人之谓儒"的教学方针，教书育人。历年，解任去。下面所选五首，主要是他初到泸州和解任出川离别泸州之作。

### 纳 溪

薄云浑欲润秋耕，上水风来晚又晴。

老树未霖先变影，天山有寺最知名。

寒沙叠叠龙鳞细，古县衔衔豸角明。

绝好江清便酒渴，水程一段补平生。

[题解]　光绪二十七年自成都顺流赴泸办学过纳溪作。

[注释]　天山指方山。山有云峰古寺，号称川南第一禅林。

[赏析]　这首诗韵味古雅，勾画出一个清幽的世界，令人但觉和谐，丝毫不感觉诗中众多华丽辞藻的堆砌。这种独特的技巧与词句安排，正是香宋诗的特色和风格。

值得注意的是，江清景色关人，引动诗人酒兴顿生，自称喝酒，极想美美地痛饮一壶。他还未能喝到泸州美酒，既已船到纳溪，泸州在望，喝上泸州美酒，自然是绝对不成问题的。所以，诗人蛮高兴地说：水程一段补平生。快饮泸州美酒，终偿平生夙愿，快哉，快哉！香宋先生不是酒徒，偏是这般倾倒泸州美酒，想见当时三百年泸州老窖大曲在全川已是身价非常，不同凡响的了。


## 友人送酒

割取江阳春色来，夜堂深吸晚云开。

自天以上知何物，试劝长星共此杯。

[赏析]　这是张问陶《泸州》诗问世百年后的又一绝唱，又一曲关于泸酒的颂歌。《正字通》："唐人名酒为春。"江阳春色，即指泸州美酒。宋人刘望之曾经写过"江阳春色论千户，价比西川都未轻"，道说江阳酒好。这江阳的酒到底好得如何，他没有讲。赵熙来到江阳办学，还在城外40里的纳溪县江心船舱里，便已"酒渴"（见《纳溪》诗注），进得城中，当然少不了要时时痛饮。"亲旧知其如此"（陶潜《五柳先生传》），抬出陈年老窖好酒，送上一坛。诗人夜堂深吸，好不快哉。正道是"古来圣贤皆寂寞，唯有饮者留其名"（李白《将进酒》），谁知道上下四方、古往今来的浩瀚宇宙里，到底还有什么是人们所不知晓，也就更未能被人们所认识的东西呢？还是举杯痛饮吧！豪言壮语，堪与李太白饮酒诗并驾齐驱。值得注意的是，这赵熙绝非嗜酒

之人，对于泸州美酒却是一次又一次地题诗咏赞，从他本人来讲，诚然说得上是泸酒的知音，从另一个侧面看，也反映了当时的泸酒，特别是温姓酒家三百年老窖大曲确实酒质优良，不同凡响。

## 泸县纪程

江转泸南竹满林，艑郎摇橹唱乡音。

人于飞鹭浑相戏，山似生龙不可擒。

市次酒香喧野者，水深油炬卜沙金。

情知了不关离绪，巴树苍茫万里心。

[注释] 泸县，辛亥革命后，废州府之制，以县直隶于省。泸州撤销，置为泸县，辖领原泸州本州地面，大体上相当于今泸州江阳区与龙马潭区、纳溪区、泸县的一部地区。1950年，在泸县城重新成立泸州市，与泸县再次分开。赵熙离开川南经纬学堂时，还没有泸县这个名称。《泸县纪程》这个诗题，是后来民国年间编《香宋诗集》时加上去的，是编纂人的笔误。

艑（bian） 一种大船。艑郎，即船工。

橹（lu） 划船的工具。

鹭（lu） 水鸟名。

油炬，火把。泸州一带江边沙碛出产沙金。这句是虚写夜里沙金工人们燃炬淘金的景象。

赵熙不是泸州人，但是，他在泸州执教，道德文章，受人景仰。他本人也对泸州产生了深厚的感情。诗中说："情知了不关离绪"，也自无限惆怅，"巴树苍茫万里心"。诗人在此一住经年，而今飘然离去，临发之际，他在想些什么呢？在他的脑海里，泸州留给他最难忘的回忆，最深刻的印象，又是什么呢？他说："是酒，是闹哄哄的街市上酒店里缓缓溢出的酒香，是小市的香花酒。"诗人不是放饮豪歌，也不是一石不醉的饮客，一再地吟唱泸酒，乃是因为城内城外，曲酒烧酒和香花佳酿处处飘香，泸州的名字已经与酒联结在一起了。

## 除夕杂诗

小市香花酒味香，半霜黄韭迓青阳。

同舟互祝长春福，岁岁官船出故乡。

[题解]　光绪二十八年冬解任离泸出川作。后面的《合江县》也是同期的作品。

[注释]　香花酒　清末、民国年间驰名远近的一种低度果酒，香醇可口，扑鼻沁人，是与泸州老窖大曲齐名的美酒。最先酿造这种美酒的为爱人堂主人刘氏。

半霜黄韭　半黄半白、鲜嫩可口的韭菜茎（泸州民间称作韭菜黄），是迓迎春节（民间称作过年）的上等时鲜蔬菜。

迓　迎接。

青阳　指春节。《尔雅·释天》："春为青阳。"

官船　清末川盐实行官运，在泸州设四川盐运总局，盐船在民间也就被称为官船。赵熙解任离泸，就是搭乘运盐船出川的。

## 合江县

汉家符节古江邮，一水行商出贵州。

未到县门先入画，少峨山翠落船头。


蜀程昨日下江阳，此地丛祠祀吕光。

行箧苦无书可读，春妆游女赛西凉。

[注释]　符节、江邮　分别都是合江之古名。北朝周武帝保定四年（564），才最后定名为合江县。

水　指赤水河。大批贵州商旅，常年办运土产货物，顺赤水河经合江转贩四川。

少眠山　即安乐山，是合江县有名的风景名区。见任汲《游安乐山》诗注。

吕光、西凉　见前选王士禛等四首《西凉王神祠》诗注。

选注者按　西凉王神祠里所祀奉的神祗到底是不是后凉王吕光，考据家已经反反复复地争鸣过了。这些可敬的学者们，都忽略了赵熙在这首诗里所讲到的事实：合江县的游人仕女们，早已无心迫随学者们去考证西凉王神到底是谁，只在正月新春去祠前郊游访胜，虽然名义上还说是赛神，其实却又是新的民俗了。

1902年，川南经纬学堂更名为"川南师范学堂"。赵熙撰写《川南学堂记》，记述校舍的建设，办学宗旨与规章，寄期望于莘莘学子，全文如下：

光绪二十七年，善化沈君秉堃权泸州，是时天子西巡未返。君急国之务，於是与州人中书高君楷商请永宁道，开建川南学堂，而推诸暨善培周君主其事。造士有程，简不肖有律，本中国先王之典，参以外国今行之法，屹然众志一新。乃举州人罗君忠浩督构大厦，用白金五千有奇，严冬大暑之中，殚力庶务，八越月而工完。

呜呼！群公百瘁而成此堂，所望川南人士，举礼家三达德之要，师范方来，诸生必有深鉴于此旨者。天下大事，造士本于一乡，敢质言以瞻千世。

## 淫预石怀刘裴村先生

### (1899)

片石苍茫太古前，每怀神禹泣当年。

长江不尽风波恶，谁拄西南半壁天。

此诗为赵熙内艰服阕，于1899年秋赴京途中，经夔门滟预滩，忆起刘光第的《滟预石》诗，潸然而作。作者原注："先生滟预诗，诵之使人流涕。"《赵熙集》案：刘光第字裴村，富顺人。在京时至契，戊戌死难。裴村《滟预石》诗，有"河山今失险，持尔障东流"之句。

[注释] 太古　远古。

淫预　通常作滟预，即滟预滩，位于瞿塘峡口，是长江三峡著名的险滩之一。淫预石，即滟预滩，俗称燕窝石，古代又名犹豫石。位于白帝城下瞿塘峡口滟预滩中流，民谣《滟预歌》曰："滟预石大如象，瞿塘不可上。滟预大如牛，瞿塘不可留。滟预大如马，瞿塘不可下。滟预大如袄，瞿塘不可触。滟预大如龟，瞿塘不可窥。滟预大如鳖，瞿塘行舟绝。"因航运障碍，于1958年冬炸除。这块巨石现存放在重庆的三峡博物馆。

神禹　即大禹，姒姓、夏后氏，名文命，字高密，号禹，后世尊称大禹，夏后氏首领，传说为鲧之子，颛顼之孙，轩辕皇帝玄孙。

长江二句　以长江恶浪为喻，谓裴公在险恶的现实中被害以后，西南地区再没有这样顶天立地的英雄了。挂，支撑。

## 2.高楷诗节选

高楷（(1852—1912)，字绰然，号拙凡，曾用字竹园，四川泸州人，川南师范学堂监督。光绪丙子年（公元1876年）中举人，光绪13年（公元1887年）任无极知县，光绪17年（公元1891年）任肃宁知县，光绪18年（公元1892年）任涞水知县，后官至内阁中书。光绪年间，高家功名显赫，时有"一门两进士、叔侄五登科"之誉。高楷以较深的文学造诣享誉朝野，在评刘光第文章时说"工为古文，雄厚肖昌黎。诗学少陵，时辈罕与抗手"。梁启超对高楷的评价是"博学能文诗，善书法。诗在韩、杜之间，书学鲁公，气骨森疏严整，肖其为人"。被列为当时"蜀中文学八家"之一。高楷著有《快隐堂文集》《快隐堂诗集》等。

### 端午游五渡溪

胜景得幽栖，回环五渡溪。

墙阴凉卧读，风静午闻鸡。

绿水前畦活，青秧夹路齐。

明年将卜宅，招隐小桥西。

[注释]　五渡溪位于泸州市江阳区华阳街道境内，五渡溪的金色窖泥是泸州老窖窖池群窖泥的主要来源。五渡溪是泸州酒文化传世出源的重要根据地。

### 游大叶坝刘氏园

果园生计并农桑，龙眼新添距万强。

后人何日传货殖，莫忘大叶赵家庄。

[注释] 大叶坝位于泸州龙马潭区小市，因古时驿站就设在这里，故又叫大驿坝。杜甫游大叶坝，曾写下"忆过泸戎摘荔枝"的诗句。

### 游龙溪张秀才家

舟泊龙溪上，沙堤日未曛。

寺门凉映水，岩径细穿云。

渔舍旧相识，鸟声一时闻。

劳劳名利者，何自苦尘氛。

[注释] 龙溪即龙溪河，源头为泸县立石镇的玉龙湖，流经龙马潭区，龙马潭区洞窝水电站就建在龙溪河上，河流在高坝处入长江。

## 3.赵藩诗节选

赵藩一生著述颇多，尤以诗词为最，诗文有《向湖村舍诗初集》《向湖村舍诗二集》《向湖村舍杂著》等，楹联著述有《介庵楹句集钞》《介庵楹句续编》《介庵楹句正续合钞》等。赵藩在川宦游17年，历任四川盐茶道、永宁道、按察使，留下了许多诗作、楹联等，最著名的是在武侯祠的"攻心联"。

### 攻心联

上联：能攻心则反侧自消，从古知兵非好战；

下联：不审势即宽严皆误，后来治蜀要深思。

[注释] 1902年，川西数县义和团聚众数千，与清军激战于成都近郊，击毙清军副将。清王朝撤换了四川总督，另派岑春煊担任。岑春煊入川后，采用高压手段，拼命屠杀义和团。当时代理四川盐茶道官职的赵藩与岑春煊私交甚深，早在岑春煊入川时，赵就劝他谨慎从事，但岑春煊都置若罔闻，赵藩因此心中郁郁不快。阴历冬月初，赵藩至武侯祠遣闷，即撰书了"能攻心"联，借颂扬诸葛亮，隐喻"后来治蜀"者—岑春煊要认真揣度时势，不可执意蛮干，否则将铸成大错。

## 题忠山

江阳名胜闻忠山，舣舟五度才登攀。

不辞连日践清约，山灵偿我腰脚顽。

宝山嵯峨帮堡子，丞相祠堂去天咫。

何公榜揭大忠传，义激人心常不死。

出城回瞰城如井，高阁凌云极清迥。

烟波苍茫内外江，云霞明灭东西岭。

杯行劝君君莫挥，何不学仙家垒垒。

谁家守土遗翁仲，有鸟归来唤令威。

棹歌风送余甘渡，南定高楼问何处？

侧想提师拜表行，可怜尽瘁酬三顾。

怀古伤今百感来，中原举目莽氛埃。

皇天于世能无意？霄旰方求旷代才。

## 纳溪至江门道中即景

晴川百里千盘曲，叠嶂循川合又分。

五月骄阳红到水，四山修竹绿成云。

不知浮世龙蛇斗，信有幽栖鹿豕群。

庐舍酒香泥壁净，笑拈诗笔倚微曛。

[注释]　《题忠山》《纳溪至江门道中即景》为赵藩在泸期间所撰写。

### 4.朱德诗节选

朱德，字玉阶（垓），四川仪陇县人，老一辈无产阶级革命领袖之一。早年参加辛亥革命，护国战争中以支队长（相当于团长）转战纳溪，屡立战功。战后进驻泸州，任职城防，升任旅长。从1916年6月至1920年10月，总计在泸州城驻节五年，次第剿平了乡间匪患。在此期间，为首组织东华诗社和振华诗社，与泸州地方士人唱和，留下了不少诗作。

## 题护国岩

曾记项城伪法苛，倦狮脱险在松坡。

清廷奸佞全民觉，专制淫威碍共和。

京兆兴妖从贼少，滇黔举帜义军多。

风流鞭策岩门口，将士还乡唱凯歌。

[注释]　1916年1月袁世凯窃国，复辟帝制，蔡锷在云南组织护国军入川，叙泸之役，出奇制胜，是年7月在绝壁上刻"护国岩"三字以为纪念。1918年秋，朱德率部清乡剿匪来到护国岩。朱德仰视护国岩，细阅当年蔡锷题《护国岩铭》和序文，不禁诗兴勃发，即兴赋《题护国岩》诗一首。

## 除　夕

护国军兴事变迁，烽烟交警振阛阓。

酒城幸保身无恙，检点机韬又一年。

[注释]　1916年除夕，"温永盛"槽坊高朋满座。在潺潺流动的美酒中，各社会名流举杯预祝护国英雄朱德凯旋！在美酒飘香、杯影交错中，朱德深有感触地对温筱泉说："战争让生命涂炭，很是残酷！好在，泸州依然保持着自己独特的历史与文化，其酒业的兴盛一年胜过一年，真是名副其实的酒城啊！"酒兴所至，朱德当即挥毫写下了《除夕》一诗。

## 感时用杜甫诸将的五首

选注者按：《诸将》是杜甫的名篇，共五首，为政论律诗。当时，安史之乱虽已平息，但边患未除，军阀割据，民生多艰。杜甫在诗中对拥兵自重，不赴时艰的将领进行讽喻，激励其报效国家。事有不便言，故其词多隐曲，委婉地表达了杜甫忧国忧民之心。后代诗人多有步韵之作。朱德当时所处的时代与杜甫颇相类似，所以，他步杜甫韵的这五首诗，也非常真实、感人，深得杜诗深沉、浑厚的趣旨。

## 其一

中华灵气在仑山，威热飞扬镇远关。

史秽推翻光史册，人权再铸重人间。

千秋汉业同天永，五色旌旗映日殷。

多少英才一时见，诸君爱国应开颜。

[注释] 感时　这组诗，作于1919年。当时，川滇黔军阀割据，遍地烽烟，因有感而作。

灵气　白居易《得阳楼》诗："清辉与灵气，日夕拱文篇。"

仑山　指昆仑山。昆仑山脉是我国最大的山脉，长江、黄河均发源其下。这里是说昆仑山山高水长，孕育了中华民族灿烂的历史和文化，国威远扬。

史秽句　袁世凯复辟帝制的丑秽行径，污秽了历史。而今，帝制推翻，史册重光了。

千秋汉业　中华民族共和的国家基业。

五色旌旗　辛亥革命后的国旗。旗为红黄蓝白黑五色，代表汉满蒙回藏五族共和。

殷　红色。

## 其二

伟人心事在争城，扰攘频年动汉旅。

久受飞灾怜百姓，长经苦战叹佳兵。

欣闻外地同时靖，欲祝中原早日清。

独抱杞忧安社稷，夫心为国睹升平。

[注释] 伟人　当时对高官的尊称。这里颇含讥刺之意。意思是说他们只思争城夺地，连年发起战争，国家、人民深受其害。

佳兵　本义是质地优良的武器，这里喻指战争。《老子》："佳兵，不祥之器也。"

靖　安靖。战事平息。

杞忧　即杞人忧天。李白《梁父吟》："杞国无事倾天倾。"诗人祝愿军阀战争平息，国家安靖。虽然官阶不过旅长，兀自不忘忧国，心怀抚安社稷的远大抱负。

社稷　本义是古代帝王奉祀的土神和谷神，后因以为国家的代称。《白虎通》："王者所以有社稷何？为天下求福报功。人非土不立，非谷不食。土地广博，不可遍敬也；五谷众多，不可一一祭也。故封土立社，示有土尊；稷，五谷之长，故立稷而祭之也。"

## 其三

汹汹天下尽为烽，八载畔开二百重。

沧海桑田焦土变，名山秀野战云封。

中央老朽谁能主，各省英雄岂自供。

举国人人作政客，何人注意在商农。

[注释]　烽　烽火。全国各省，军阀割据，战争不息，遍地烽烟。从辛亥革命到 1919年，八年之中，战事不息。二百，约数，言其多也。

焦土变　倒装句，句意是：众多的美土良田，在战火下变成一片焦土。

中央老朽句　名义上虽然也有中央政权，但是无力号令全国。只是眼睁睁地看着地方军阀，也就是诗里讥之为"各省的人们为所欲为"。而且，连这个所谓的中央政府也只是听命于北洋军阀的摆布而已，从本质上讲，也一样如土匪、残害人民的军阀。所以，诗人直斥之为政客，并诗里明确提出要逐鹿中原，谋求国家真正的统一。

## 其四

年年斗争逼人来，如此江山万性哀。

冯妇知羞甘宁节，徐娘无耻乱登台。

推开黑幕剑三尺，痛饮黄龙酒数杯。

西蜀偏安庸者据，中原逐鹿是雄材。

[注释]　冯妇句　反语。冯妇知羞，甘心守节。北洋政客冯国璋，当了副总统，又耍手段，代理大总统，全不知羞。

徐娘　借指北洋政客徐世昌，包办选举，也当了大总统，胡乱登台卖俏，无耻至极。

剑三尺　《史记》：汉高祖提三尺剑起兵，推翻秦王朝，尽去秦人暴政，救民水火。这里借指武力推翻反动的北洋军阀政权。诗人说：只有提三尺剑以兴一旅之师，才能推开黑幕，救民于水火之中。

**痛饮黄龙** 本是岳飞率师北伐的名言，也是朱德胸中不可销磨的抱负。

## 其五

深省当年姓字标，茫茫大地愿难消。

南淇爱友嗟离别，西蜀知心太寂寥。

为国无时还梓里，戎衣何日换金貂。

买山筑屋开诗社，幸赋归来避市朝。

[注释] **梓里** 家园、故乡。

**戎衣** 军装。

**金貂** 文职官员的服饰。《汉书·谷永传》："戴金貂之人常伯之职者。"这联诗的意思是说，为报效国家，顾不上家，但是，何年何月才得天下太平，自己也好挂剑从文。

**归来** 陶潜《归去来辞》："归去来兮，请息交以绝游。世与我而相违兮，复驾言兮焉求。"后代因以为卸官还乡的代指。

**市朝** 谚云：争名于朝，争利于市。诗人说，自己在泸州筑屋开诗社，不求名，不求利，只图一个清静安宁罢。此为悲愤之反语。

## 秋兴八首用杜甫原韵

选注者按：这八首诗，是朱德咏怀辛亥革命、护国战争和护法战争的史诗，用杜甫晚年在夔州所赋《秋兴八首》原韵。杜甫当时，安史之乱虽平，而战祸未息，国运维艰，值秋风萧瑟之际，触景伤情，发故国之忧思。朱德当年所处的社会现实是各地军阀割据，战乱频仍，与杜甫时代颇相类似，因用杜诗原韵，历叙自己自辛亥革命所亲身经历的一系战事和斗争，抒发报国忧时之情。

## 其一

飒飒秋风动上林，神州大陆气森森。

空间航艇如星布，海外烽烟蔽日明。

国体造成机械体，天心佑启自由心。

征衣欲寄天涯远，思归何须急篡砧。

[注释] 飒 风声。屈原《九歌·山鬼》："风飒飒兮木萧萧。"

上林 上林苑。在长安（今西安市）西，始建于秦，后经汉武帝重建。北临渭水，南傍终南山，广300里，内有离宫70座。这里代指清王朝。秋风萧瑟，清王朝覆灭了。

森森 阴暗逼人貌。喻指当时封建专制社会黑暗无边。

空间二句 帝国主义炮舰、洋船横行中国水域，侵略战火笼罩中华大地。

国体二句 政治腐败，国家政体完全僵化。世界进步潮流汤汤，启发中国人民争取民主自由之心。

征衣二句 在家的妻子想把征衣寄给投身革命的丈夫。但是，战事远未有穷期。砧，捣衣石。暮砧，就是傍晚去捣洗衣服。辛亥革命推翻了清王朝，但是，军阀残暴统治，帝国主义侵略不止，战争不息，中国几成人间地狱。作者关注国家民族的前途、命运，以身许国，身在戎伍之间，不萌思归之念。

## 其二

传遍军书雁字斜，誓将热血铸中华。

悲秋客忆重阳节，起义师乘八月槎。

燕地荡平鞭索房，神州开辟种黄花。

秋光未尽烽烟尽，鼓角声中半是笳。

[注释] 军书二句 1911年10月10日武昌起义的消息，在秋雁南飞的季节传到云南，传遍滇军军中，革命志士人人激动，誓拼热血，铸造共和，推翻封建专制统治。

客忆重阳节 客，诗人自称。回忆辛亥革命中云南蔡锷、唐继尧、李烈钧等人领导的昆明重九日武装起义。在那场推翻清王朝在云南统治的武装起义中，朱德三立战功，由排长升任队（连）长。

燕地 北方。燕地荡平，指清王朝被推翻。

黄花 广州黄花岗。1911年，孙中山领导的同盟会在广州武装起义失败，牺牲的72名革命党人乱葬于黄花岗。后称黄花冈七十二烈士。这里是说，中华民国的建立是革命志士鲜血换来的。

笳　胡笳。蔡文姬作《胡笳十八拍》，拍拍尽是哀怨之声。烽烟虽暂平息，革命尚未成功。

## 其三

重光祖国借余晖，万众同心用力微。

毳幕腥膻终寂寞，汉家子弟尽雄飞。

喜当年富兼身壮，时正秋高马又肥。

戎马少年半同学，倾心为国志无违。

[注释]　重光祖国　推翻满清，打倒军阀。

余晖　永不磨灭的中华浩然正气。

用力微　花费不了多大气力。

毳幕腥膻　毳〔cuì〕幕，蒙古包。《李陵答苏武书》："韦韝毳幕，以御风雨；膻肉酪浆，以充饥渴。"这里指清王朝贵族统治者。

终寂寞　最后垮台了。杜甫《解闷》："先帝贵妃终寂寞，荔枝还复入长安。"

## 其四

筹安客意住龙头，惊起神州肃杀秋。

田野萧萧风雨急，中原黯黯鬼神恶。

强梁子弟三乘马，大好河山一泛鸥，

回首剧怜民国土，几希幻作帝王洲。

[注释]　筹安句　1915年8月14日，杨度、刘师培、严复等6人组织筹安会，为袁世凯复辟帝制鼓吹。大造反革命舆论。

强梁子弟　指袁世凯操纵下由旧官僚子弟、地痞流氓和妓女等组成的所谓"公民请愿团"。他们再三请愿游行，请袁世凯当皇帝。强梁，强横之徒，亦指土匪。《老子》：强梁者不得其死。"

泛鸥　寓意语。在辽阔的江海上，展翅飞翔的海鸥，与暴风雨拼搏。喻指各地革命者坚决反对袁世凯复辟。

几希　几乎，差一点。

## 其五

蓬莱昕夜觅仙山，堪笑贪夫转念间。

信有佳兵来北地，哪知国士出南关。

言犹在耳成虚誓，老不悲秋亦厚颜。

报国归来天欲暮，笑看北地废朝班。

[注释] 昕 太阳将要升起的时刻。

觅仙山 《史记·秦始皇本纪》：秦始皇闻海外有蓬莱、方丈、瀛州三山，山上仙人有长生不死之药，乃命徐福率童男童女入海以求之。这里喻指袁世凯妄想复辟称帝。

贪 指袁世凯。

佳兵 见《感时五首》诗注。这里指袁世凯以武力镇压民众，原在意料之中。

国士 指蔡锷。他组织护国军，从云南挥师北上讨伐窃国大盗袁世凯。苏轼《豫让论》："让曰：智伯以国士待我，我以国士报之。"

言犹在耳 袁世凯从孙中山手里接过中华民国大总统时，信誓旦旦地说要把共和办好，才几何时，他自己就想当皇帝了。唐·骆宾王《为徐敬业讨武（则天）檄》："言犹在耳，忠岂忘心？"

厚颜 不要脸。在护国战争打击下，袁世凯不得不于1916年5月宣布撤消帝号，但还自称是"中华民国大总统"，死赖不走，真是厚颜无耻之极。

朝班句 帝制下，皇帝每日临朝，接受文武朝臣分作左右两班朝拜。这里是说，袁世凯帝制被推翻了。

## 其六

成败兴亡一局棋，金根不让实堪悲。

相争权利皆新法，竞窃功名胜昔时。

余子称雄嗟分小，布衣高位惜官迟。

鱼龙不蛰秋江热，捷足天门太不忍。

[注释] 成败兴亡 袁世凯丧亡以后，段祺瑞、冯国璋、徐世昌争大总统宝座，丑态百出。各省地方军阀，也为扩充势力、争抢地盘而混战不休。

金根　皇帝乘座之车曰金根。《汉书·舆服》颜师古注："始皇作金根之车。"这里喻指皇权。

余子　江东余子，亦即项羽丧亡后残留下来的残兵败将。明·王玄《过西楚霸王庙而祭之》："江东余子老王郎，来抱琵琶哭大王。"

嗟分小　叹息自己名分还小。

布衣句　普普通通一个百姓当了大官，还埋怨这个官位来得太迟，与上句那些称雄犹自嫌名分小的残兵败将一样自不量力，厚颜无耻。

鱼龙不蛰　晋·郦道元《水经注》："鱼龙以秋日为夜，秋分而降，蛰寝于渊也。"官僚军阀们不自度德量力，只想升官发财，不管人民生活，该下野的不下野，该让权的不让权，闹得全国上下乱七八糟。

## 其七

中原未定漫言功，私幸英雄入彀中。

义举辉煌诩仁术，春光灿烂俟春风。

气嘘紫极燕云黑，血映征衣蜀水红。

正气不摧人不灭，芦中人固有渔翁。

[注释]　彀中　彀，弓箭袋。唐太宗开科举，应试人众多。喜曰："天下英雄，皆入我彀中矣"（《贞观政要》）。革命尚未成功，窃幸"英雄"已稍稍就范。

仁术、春风　喻指护国战争的胜利。

紫极　天之最高处，紫微星所在的地方。这里指当时北京的中央政权。燕云黑，北京当时仍然一片黑暗。

芦中人句　战国时，伍子胥自楚奔吴，过昭关，逃行至西江边，追兵逼至，困于芦中，得渔翁引渡得脱，化险为夷。这里是说革命事业必将得到人民的支持和帮助。

## 其八

博得勋名万古垂，轰轰烈烈不逶迤。

雄飞志在五洲外，烈战功存四海陂。

信有霜寒堪寄傲，肯因苦雨便离枝？

　　　　　岁寒劲节矜松柏，正直撑天永不移。

　　[注释]　逶迤　曲折婉转貌。

　　寄傲　苏轼《赠刘景文》:"荷尽已无擎雨盖,天寒犹有傲霜枝。"

　　矜松柏　《论语·子罕》:"岁寒然后知松柏之后凋也。"作者赋诗言志:为国家建勋立业,名垂万古,立志为国家民族的解放而奋斗。具秋菊傲霜之精神,绝不因苦雨险阻就离枝堕地;像松柏那样劲直撑天,坚贞不屈。绝不与反动势力同流合污,坚持革命到底。作者一生革命历程,完全证实了他的这一豪言壮语。

## 5.恽代英诗节选

### 狱中诗

　　　　浪迹江湖忆旧游,故人生死各千秋。

　　　　已摈忧患寻常事,留得豪情作楚囚。

　　[注释]　1930年5月6日,恽代英在上海被国民党当局逮捕。在狱中,恽代英面对敌人的威逼利诱,坚贞不屈。1930年被杀害于南京,时年36岁。《狱中诗》是无产阶级革命家恽代英在牢狱所写。整首诗体现了作者伟大的人格和高尚的情操。

## 6.吴玉章诗节选

　　吴玉章,原名永珊,字树人,四川荣县人。我国杰出的无产阶级革命家、教育家,马克思主义历史学家和语言文字学家,中华人民共和国教育的开拓者,中国人民大学的创始人。吴玉章当年曾经在川南经纬学堂求学,并与黄复生、谢持、黄方、唐淑实、陈漱云等在这里组织同盟会活动。下面一首诗歌是他在川南师范建校六十周年所贺。

### 川南泸州师范建校六十周年

　　　　六十年间事,薰莸日益明。

　　　　创始虽有伪,维新自有真。

　　　　代英高亮节,更树马列根。

青年需努力，永矢慰忠魂。

## 7.阴懋德《川南师范史诗二十七首》

阴懋德（1890—1964），又名仑表、仑园，泸县云龙乡人。早年就读于天成实业学校，毕业后，任泸县公学教务主任，后任川南师范训育主任。1939年，日机轰炸泸城，读书困难。阴懋德毅然以云龙大水河住宅和田土一百石，创办私立桐阴中学，自任校长。1949年春，又在泸州忠山邓园创办南州艺术学院。中华人民共和国成立初期，川南人民图书馆成立，阴懋德捐献二十四史、四部丛刊和方志等书籍3000余册。1952年，担任川南师范学校副校长，出席全国教育工会代表大会。此后，历任民革泸州市委员会主任委员，泸州市副市长，政协泸州市委员副主席。

### （一）

八国联军扰上京，万方愤慨气填膺。

育才兴学为上策，纬武经文好命名。

[注释] 学校成立于1901年（光绪二十七年辛丑），正值八国联军入京订立《辛丑和约》之年。赵熙认为，"为学要为上下古今之学，不能只求耳目尺寸，这叫纵；当为大通世界之学，不能据守方隅，这就叫横。纵是经，横是纬。"所以学校取名为"川南经纬学堂"。

### （二）

文昌宫殿果文昌，五岳朝天建石坊。

大书深刻辉金漆，师范川南署学堂。

[注释] 清同治七年(1868)永宁道满洲正蓝旗人觉罗恒保以废文昌宫建川南书院。经纬学堂初在泸州试院（地址在原公安学校内）成立，后迁入川南书院，大门建有五岳朝天石坊，门额为荣县赵尧生（赵熙）书"川南师范学堂"六个大字。

## （三）

由来德智须交育，文武从兹合一涂。

标语在门作联语，合将目的示生徒。

[注释] 时川南师范学堂大门内有"德智交育，文武一涂"联语一副，字大二尺余，系赵尧生（赵熙）所书。其后此联又翻刻悬挂在成都北校场陆军小学大门。

## （四）

应知无本即不立，若能主善即为师。

空庭署有新楹帖，拾级登临誉惕资。

[注释] 时川南师范学堂上阶空庭楹柱悬有"无本不立，主善为师"联语，亦系赵熙所书。

## （五）

两庑齐整出厢楼，"书藏"西头万卷收；

东面命名"藏器所"，东瀛仪器灿盈眸。

[注释] "书藏"即现在的图书室，所藏书系新购置，卷帙甚富。"藏器所"即现在的仪器室，所购仪器均日本制造，值银三千两，与泸州中学合用，三四年后，才划分各管。

## （六）

吹万高楼照眼明，双梧挺秀立中庭。

横经请益人多少，我亦当时说法人。

[注释] "吹万楼"即今礼堂。时川南师范有楼名"吹万楼"，地址而较为宏阔，"吹万楼"三字高约六尺，上署光绪二十八年（1902），下署赵熙。1939年，为日寇轰炸所毁，后一度改为"子俊楼"，以纪念老教师吴子俊。

## （七）

叙永、泸、资合永宁，莘莘学子共趋承。

岷沱上溯五百里，遥西迄于雷、马、屏。

[注释] 叙州府、永宁直属厅、泸州直隶州、资州直隶州共二十五属，合为永宁道，分别申送学生并摊解经费。如雷波、马边、屏山，殆远及千里。

## （八）

"输新社"启新知，国势陷危感慨滋。

一自中山倡革命，同盟入会莫迟疑。

[注释] "输新社"，是当时学校内灌输革命，鼓励读者的一个组织。罗次瀛先生为成立序文，内有"人杀尔文，吴夫差未敢逮忘；此非恶声，刘越石因而起舞。鸟兽是蛮夷之性，难养其心；铜驼在荆棘之中，会当见汝"等句，可以窥其宗旨。因而学生中一部分参加了同盟会。

## （九）

东瀛去后又南洋，奔走京津暗杀忙。

断法堪胸犹不惜，置身牢狱更寻常。

[注释] 黄方、黄复生、陈渊云皆学校学生，曾组织暗杀，或被逮杀。

## （十）

汉家光复颂尧天，十载开堂国变迁。

推倒满清三百载，铲除专制二千年。

[注释] 汉家光复，恰恰开堂十载，学校学生在这一资产阶级民主革命的运动中，崭露头角。

## （十一）

反封反帝未分明，革命难期彻底行。

资产阶级软弱性，政权拱手让他人。

## （十二）

十月苏联倡革命，历史揭开新纪元。

"五四"中华重觉悟，一时学校着鞭先。

## （十三）

放之四海而皆准，马列主义最光明。

结成小组勤研习，岳岳经师恽代英。

[注释] 恽代英同志1921年来校任教务长，1922年任（校长）。莅校不久，即组织马列主义研究小组，教学生以革命理论。

## （十四）

"经济公开"并"择师"，发扬民主启宏规；

以身作则人同感，团结精诚自一时。

[注释] 恽代英同志签校后，用"经济公开"和"择师运动"两项最民主的方法领导学校，而自己又能坚苦卓绝以身作则，于是全校师生，人人感到振奋，精诚团结。

## （十五）

道高一尺魔一丈，军人迫害最疯狂。

讵知种子经传播，结实开花在四方。

[注释] 恽代英同志于1922年暑期赴泸，适驻军换防，另委新校长。驻军妒全校师生对恽代英同志的拥护，于其返泸后将他拘押逾月，才将其释放。

## （十六）

领导红军走远陲，苏区工作最光辉。

纷纷前仆即后进，直到川南解放时。

[注释] 长宁余泽鸿曾在江西苏区工作；1935年率领一支红军经过川南，在江安境内，被国民党反动派枪杀。合江曾润百1926年在军阀杨森部队里作革命工作，被发觉后牺牲。屏山徐经邦1927年组织屏山农民暴动，失败后被害。其他学校学生受恽代英同志的影响，因参加革命而轰轰烈烈牺牲的不在少数。

## (十七)

日寇疯狂启衅端，几多文物被摧残。

师生保障能弦诵，燕子岩边作讲坛。

[注释] 抗战期间，校舍曾迁到泸县兆雅镇的燕子岩。

## (十八)

日寇投降内战滋，转于学校致猜疑。

无端军警如临敌，节日提防暴动时。

[注释] 胜利后，在一次抗战纪念的七月七日前夕忽传川南师范与当时桐阴中学两校之学生要联合暴动，于是出动军警，彻夜监视。

## (十九)

银券金元任折磨，束修所值能几何？

第一个月双龙板，第二个月四毛多。

[注释] 临近解放时，伪币飞速贬值，而学校经费须由省库拨发，省银行又故意拖延，往往迟一、二月始能领到，所以第一月薪尚能买龙洋两枚，第二月只能买龙毫两个。

## (二十)

燎原星火发光芒，尖锐斗争在一堂。

为了当时"反饥饿"，驱除校长打银行。

[注释] 革命火种在川南师范从没有停息过，1947年，在"反饥饿"口号的号召下，把反动的校长蒋成坤驱逐走了，把为虎作伥的省银行捣毁了。

## (二十一)

乌烟瘴气最糟糕，解放来临黑暗消。

省县两师同合并，"川南师范"旧名标。

## （二十二）

自经教育与栽培，大匠之门无弃材。

深造有时升大学，服从需要听安排。

[注释] 在党的教育培养下，中华人民共和国成立后川南师范的毕业学生，各地学校争相罗致；直接升入师范学院和投考空军、海军及服务党政机关的亦不在少数。

## （二十三）

瓦窑坝子好风光，背倚珠岩面大江。

一度迁移作校舍，朝弦夕诵足徜徉。

[注释] 其地址即今四川化工职业技术学院。

## （二十四）

坡陀起伏倚山林，道是郊区更接城。

为避频年搬迁苦，兰台石室此重兴。

[注释] 今前进下路泸州外国语学校，是1953年所建，1954年春迁入。

## （二十五）

校舍新成最整齐，一番迁去复迁回。

揭来重过旧游地，花压栏杆菜覆畦。

[注释] 1958年曾一度让作泸州招待所，后迁返。

## （二十六）

批改文章备课程，一断相对最怡情。

永丰桥畔多清旷，斜日犹闻打子声。

## （二十七）

七年坐耗官仓粟，我于建树一毫无。

比之南郭先生者，坐拥皋比笑滥竽。

## 六十自述

雕虫小技亦寻常，岁月蹉跎鬓欲苍。

斫句辄思追甫白，作书时复拟苏黄。

忍看华夏充胡骑，辟得家园作讲堂。

桃李春风日滋茂，匹夫有责说兴亡。

[注释] 此诗为阴懋德校长六十岁时所写，抒写了自己献身教育的一生。诗歌回顾了自己年轻时醉心诗词和书法，追忆了抗战期间捐出家产办学，抒发了育才无数、桃李天下的欣慰和喜悦，表现了为国家、民族振兴奋斗不息的豪迈情怀。

## 8.曾宪思诗节选

曾宪思（1926—2012），四川省隆昌县响石镇人，中华人民共和国成立前后先后在北京大学中文系和重庆大学外语系学习，原泸州师范语文教师。从教数十年，辛勤耕耘，教书育人，循循善诱，曾被评为泸州市先进工作者、优秀共产党员，四川省优秀教师、省劳动模范。

### 颂恽代英先烈

一代风流一代英，川南播火意纵横。

黉宫今日流遗泽，翠竹千竿雨后生。

### 水龙吟·校庆六十二周年

翻开历史篇章，光芒灿烂冲牛斗。钢筋铁骨，生成叛逆，川南俊秀。除旧布新，反帝反封，代英旗手。看万千弟子，风云叱咤，兴亡事，忙奔走。

万里河山有我。战宏图，学林驰骤。红专并进，全面发展，英雄有后。傍晚歌咏，清晨朗诵，校风淳厚。更辛勤哺育师资百万，为泸州寿。

[题注] 此诗是曾宪思为泸州师范校庆六十二周年所作。

### 纪念抗战胜利五十周年

莽莽神州叹陆沉，红羊浩劫万家村。

云中一柱支危厦，岭外三军扫战云。

寸寸山河殷碧血，抔抔黄土息忠魂。

尘污荡尽千山绿，橄榄枝来一片春。

## 9.谢守清诗节选

谢守清（1919—2015），四川隆昌金鹅镇人，原国民党时期国立中央大学经济专业毕业。抗战期间，谢守清应征入伍，在广汉机场任援华美军空军翻译。1951年调原泸州师范学校任语文教师。任教语文40余年，著有《半偈集(胡宇担)、泥爪集(谢守清)合集》《泥爪痕诗文集》《泥爪痕诗文续集》《泥爪痕诗文再续》《泥爪痕诗文续三》等，曾任中华诗词学会会员、四川诗词学会顾问、泸州诗书画院副院长。

### 泸州起义纪念碑题记

泸州扼三省要冲，古龙透关雄锁二水，屏障天然，凤怡险要称，然其帅以光彻人心则自泸州起义之日始；而起义又以总戎军旅、指挥进退之刘伯承著。

方北伐军兴为策川军易帜起义以为侧应，中共始以杨闇公为书记，朱德刘伯承为委员之重庆地委军委会任刘伯承为起义军总前指挥，伯承亲临泸州顺庆等地，查蜀中形势于指掌。以是一九二六年十二月一日义旗首揭泸州，捷音洋洋乎巴山蜀水间。

非偶然矣迨顺庆失利，泸州一隅孤城，独当八方风雨。总指挥次年一月下旬星火莅泸，即颁《国民革命军川军各路总指挥部布告》，一军心，激民志。整饬师旅，淬砺部属，建政轻税，扶助工农。于是军威肃肃，政绩彰彰，民望收归，邻封瞩目。盖自江阳建制二千余年以来，文武治绩无过于此者。至逆流泛起，刘湘麇集十万之众，起义军仅数千御敌。总指挥按剑登陴，韬机独运：长江北四路布防，沱江南五路扼守，龙透关六路倚山列阵。总指挥则虎视鹰扬，亲临摄敌。敌水路屡犯不逞，龙透关偷袭亦弃尸夜遁。是金城汤池，一以当千者，将以有正义之师，坛拜之才始信。

起义历五月又半暂息。"锋芒初试燃星火，辗转洪都起大鹏"，又二十余载而江山蔚焕焉。创业知艰，功成可必，想老帅当年立马关头，云天极望，当依稀睹今之盛世也矣。但忆将军戎马日，年年父老拜雄关。值兹中国共产党七十周年大庆，泸州市广大共产党员、人民群众因集资树碑刻石为记，俾功烈与日月同辉，传统勖来兹永继也。

[注释] 1926年12月1日，中共重庆地委领导的泸州起义爆发，刘伯承任前线总指挥，于1927年1月到达泸州，于龙透关与刘湘指挥的军队决战，为武装起义写下了光辉的一页。1991年，为缅怀朱德、刘伯承等老一辈无产阶级革命家的丰功伟绩，泸州市委、市政府决定在龙透关修建泸州起义纪念碑。纪念碑为两支步枪图案组成，总高19.26米，基座边长12.1米，寓泸州起义时间为1926年12月1日。肖克将军为纪念碑题词。碑座南面是12.1米长的线刻泸州起义组画，碑西北竖有一通长方形汉白玉碑，正面为刘伯承元帅亲笔题词："纪念在中国共产党领导下的泸顺起义中牺牲的烈士！"背面为谢守清撰写的《泸州起义纪念碑题记》。

## 有感于送八五级学生毕业

辟出町畦我亦劳，青衫犹昔老江桥。

三年学子分飞去，又送征帆片片高。

## 阅整校史，念及世纪切"输新学会"活动时

男儿热血岂轻抛，不把青灯慰寂寥。

国事沉沦同一哭，吴戈洗尽大江潮。

## 贺新郎
## 迎八〇级新生入校

击楫中流水；鼓角催，长征首路，班旗遥指。一片弦歌芳草绿，规矩方圆成器。十七县山青水碧。千里迢迢人荟萃，仰高峰，万卷穷书史。应不负，登临志。

艺苑珍藏深如此！待从头，琅玕碎遍，潜搜无已。"四化"根基须巩固，都把丹心自矢。看出校冲霄健翅。沥尽园丁心血汁，去天涯，打点菁莪事。春欲笑，人如醉。

## 贺断郎

### 自卫反击战英雄胜利归来

烽火南疆起；有宵小、恩将仇报，令人发指。蔽野旌旗创丑类，鼓角连营千里。二十日长驱惩治。一捣谅山功赫赫；剑初磨，河内惊如死。剪除了，汹汹势。

长城南国巍然峙；看今朝，金瓯无缺，中华正气。弹雨遥天拼一死，碧血长虹曳地。自不负凌霄壮志。一路凯歌回故里遍神州、祝捷花如炽。说不尽，英雄事。

## 短歌迎学子，一曲《满江红》

抖罢尘沙，步校园，千樟红透。秋光净，风晨月夕，读书时候。黑发红颜人几许？春风化雨伊能够。看从头，学海极幽深，心如绣。

把书史，相授受，历艰苦，寒暑又。出宫墙，幸是三秋业就。"四化"光辉腾越日，半生心血耕耘后；也应歌，桃李百千行，山河秀。

## 满江红

### 国庆三十八周年

辟地开天，割昏晓，云泥迥别。新世纪，江山锦绣，人民俊杰。二十八年谈何易，斗争风雨无休歇。继长征，旗鼓奋关河，声声烈。

霜锋凛，除妖孽；现代化，心尤热。迎浪潮三次，豪情激越。莽莽昆仑呼欲起，巍巍北斗光澄澈。看从兹，接力向天边，揽明月。

## 赠八〇级毕业同学

春秋两度读书声，征棹如云一叶轻。

此去烟波无限路，春风化雨最关情。

学业成于四化时，青山绿水任栖迟。

欣然三尺桃花浪，红到天涯尔自知。

一支素质出清池，应记程门立雪时。

满目琅玕重撷拾，无言桃李下成蹊。

## 风雨云霞六十春
### ——祝党诞辰六十年

### （一）

沉雷一震传天外，风雨云霞六十春。

力拯斯民于水火，惊看曙色出昆仑。

荆榛难阻马前卒，鼓角长来身后入。

时代奇勋何所似？清风葬月换轮坤。

### （二）

已换乾坤路尚遥，征旗猎猎马萧萧。

指挥若定明方略，奔竟如流有舜尧。

航正无虞千浪阔，风斜怎送一帆高！

十年浩劫人犹记，回首江干泪歇潮。

### （三）

泪潮千丈总能收，一剑光寒动斗牛。

揭布"坚持"明准则，规模"改革"作绸缪。

春光一路催花艳，瑞霭连天拥翠幽。

更是年年称祝日，海天如洗碧云流。

## 为市政协撰诗纪念孙中山先生120周年诞辰

七五年前事，江山倒帝旌。

共和孚众望，大业挫垂成。

主父新诠释，方针再结盟。

先生今若在，喜泪应长倾。

## 纪念朱总百周年诞辰，会上吟祝

七十年前胜者谁，五峰立马日熹微。

诗催花雨情无尽，蚁满人间事总非。

百子图边留旧迹，三泸象外觅新麾。

将军此去江湖运，万里云天一剑随。

[注释] 七十年前　指朱总率讨哀军驻泸时。

五峰　五峰岭，在泸州小市，朱总曾立马五峰岭。

三泸　泸州、纳溪、江安称三泸，均为朱总旧驻之地。

### 无题

未必龙头属老成，青年一咏九天星。

校园敦厚传诗教，化雨温柔素质经。

[注释] 2005年，泸州高中有一个叫唐汉霖的学生，以传统诗词的方式完成高考作文，最终作文得了满分。谢守清看了唐汉霖的作文很激动，仿佛看到了传统诗词的希望，兴奋之余，挥毫夸赞。

## 10.川南师范校歌

### 川南师范校歌（20世纪20年代）

黄序放光明，霞尉云燕。

廿五属英毓俊，济济乐陶成。

漫诩学通中外，南州冠绝群伦。

要使形端表正，后得起仪型。

### 川南师范校歌（20世纪40年代）

金水流长，方山郁苍，泸师校帜高张。

缅怀前哲，楼起南定，庭开四香，代有弦歌咏流芳。

日新月异，通通皇皇，四育齐优良，储为国家栋梁。

愿吾侪奋发自强，永绍吾校之光。

### 泸师"三八"校风歌（20世纪60年代）

三句话八个字，三八校风全校要一致。

坚定正确的政治方向，艰苦朴素的生活作风，勤学苦练的读书风气。

人民教师随时要注意，要把党的话贯彻到行动中去。

民主、团结、严肃、活泼，处处抓紧八个字，创造集体新生活。

闻风而动，劲头大，三八校风思想红。


## 泸州师范校歌（20世纪80年代）

经历风雨云霞，桃李开遍天下。代英播下革命种子，点燃了接力的火把。崇德、博学、尚俭、笃行，八字校训育新花。

新时代的园丁，把优良传统发扬，忠诚教育献身四化，培育英才振兴华夏。看，在我们辛勤双手下，开出满园鲜花，开出满园鲜花。

[题注] 该校歌由学校谢守清老师作词，校友黎英海（曾任中国音乐学院副院长）作曲。

# 二、历任领导

## 1.川南师范时期主要领导任职年表（1901—1949）

| 序　号 | 朝　代 | 公元纪年 | 姓　名 | |
|---|---|---|---|---|
| 1 | 清　代 | 1901 | 赵　熙 | |
| 2 | 清　代 | 1903 | 高　楷 | |
| 3 | 清　代 | 1906 | 赵　藩 | |
| 4 | 清　代 | 1909 | 陈　铸 | |
| 5 | 清　代 | 1910 | 温筱泉 | |
| 6 | 民国元年 | 1912 | 王应兴 | |
| 7 | 民国七年 | 1918 | 易光墉 | 其间朱德 |
| 8 | 民国九年 | 1920 | 罗纯泌 | 兼任校长 |
| 9 | 民国十年 | 1921 | 王德熙 | |
| 10 | 民国十一年 | 1922 | 恽代英 | |
| 11 | 民国十一年 | 1922 | 罗延光 | |
| 12 | 民国十一年 | 1922 | 吴　极 | |
| 13 | 民国十二年 | 1923 | 董清岷 | |
| 14 | 民国十三年 | 1924 | 徐庶聪 | |
| 15 | 民国十四年 | 1925 | 陈醴源 | |
| 16 | 民国十四年 | 1925 | 官文汇 | |
| 17 | 民国十五年 | 1926 | 兰廷江 | |
| 18 | 民国十五年 | 1926 | 谭蜀奎 | |
| 19 | 民国十六年 | 1927 | 曾炳奎 | |
| 20 | 民国十七年 | 1928 | 黄学海 | |
| 21 | 民国十九年 | 1930 | 刘希武 | |
| 22 | 民国二十一年 | 1932 | 钟伯卿 | |
| 23 | 民国二十二年 | 1933 | 王倾沂 | |
| 24 | 民国二十二年 | 1933 | 邓鹤丹 | |
| 25 | 民国二十五年 | 1936 | 夏国斌 | |
| 26 | 民国二十六年 | 1937 | 周能泮 | |
| 27 | 民国二十八年 | 1939 | 杨慎修 | |
| 28 | 民国二十九年 | 1940 | 银际霖 | |
| 29 | 民国三十一年 | 1942 | 卫　楠 | |
| 30 | 民国三十五年 | 1946 | 江东之 | |
| 31 | 民国三十五年 | 1946 | 蒋成坤 | |
| 32 | 民国三十六年 | 1947 | 李希任 | |

## 2.泸州师范学校时期主要领导任职年表（1950—2002）

| 序　号 | 年　度 | 书　记 | 副书记 | 校　长 | 副校长 |
|---|---|---|---|---|---|
| 1 | 1950 | | | 阴懋德 | |
| 2 | 1951 | | | 阴懋德 | 周朴汉 |
| 3 | 1954 | | | 阴懋德 | 邓开新 |
| 4 | 1957 | | 邓开新 | | 邓开新 |
| 5 | 1959 | | 邓开新 | | 何白李 |
| 6 | 1966 | | 吕映心 | | 何白李 |
| 7 | | | 黄明康 | | 何白李 |
| 8 | 1978 | | 李光均 | | 何白李 |
| 9 | 1979 | | | | 董懋林 |
| 10 | 1980 | 董懋林 | | | 董懋林、邵德文、何沛然 |
| 11 | 1982 | 汤　坚 | | 汤　坚 | 董懋林、邵德文、何沛然 |
| 12 | 1984 | 汤　坚 | 曹　澍 | 曹　澍 | 董懋林、邵德文、何沛然 |
| 13 | 1985 | 汤　坚 | 曹　澍 | 曹　澍 | 马汝聪 |
| 14 | 1990 | 马汝聪 | 杨国明 | 曹　澍 | 张文德 |
| 15 | 1995 | 曹　澍 | 彭素兰 | 曹　澍 | 叶绿野、张文德 |
| 16 | 1999 | 罗万钧 | 彭素兰 | 罗万钧 | 叶绿野、张文德 |
| 17 | 2000 | 罗万钧 | 彭素兰 | 罗万钧 | 张文德 |

## 3.泸州教育学院主要领导任职年表（1958—2002）

| 序　号 | 时　间 | 书　记 | 副书记 | 校　长 | 副校（院）长 | 校　名 |
|---|---|---|---|---|---|---|
| 1 | 1958 | 吴　汉（负责人） | | | | 泸州大学 |
| 2 | 1959 | | 程鸿文 | | 吴　汉<br>罗民先 | 泸州专科学校 |
| 3 | 1960 | | 程鸿文<br>许汝涛 | | 吴　汉<br>罗民先 | 泸州专科学校 |
| 4 | 1962 | 王伯恩 | 程鸿文<br>许汝涛 | 何德润<br>（兼） | 吴　汉<br>罗民先 | 宜宾专区教师进修学校 |
| 5 | 1971 | | 邹先治 | | 吴　汉 | 宜宾专区教师进修学校 |
| 6 | 1975 | | | 黄承勋 | 吴　汉 | 宜宾专区教师进修学校 |
| 7 | 1977 | | | 黄承勋 | 赵　威<br>吴　汉 | 宜宾专区教师进修学校 |
| 8 | 1978 | 赵　威 | | 黄承勋 | 赵　威<br>吴　汉 | 宜宾专区教师进修学校 |
| 9 | 1979 | 许有恒 | | 徐丕俊<br>（兼） | 赵　威<br>汤　坚<br>梁季雅 | 宜宾地区教师进修学院 |

续表

| 序　号 | 时　间 | 书　记 | 副书记 | 校　长 | 副校（院）长 | 校　名 |
|---|---|---|---|---|---|---|
| 10 | 1981 | 许有恒 | 赵　威<br>梁季雅 | 徐丕俊 | 赵　威<br>梁季雅<br>吴　汉 | 宜宾地区教师<br>进修学院 |
| 11 | 1983 | | 赵　威<br>梁季雅 | 徐丕俊 | 赵　威<br>梁季雅<br>吴　汉 | |
| 12 | 1984 | | 张敦诚 | | 吴　汉<br>刘昭棠 | 泸州教育学院 |
| 13 | 1987 | 游瑞林 | 张敦诚 | 刘昭棠 | 吴　汉<br>张敦诚<br>何绍彬 | |
| 14 | 1989 | | 陈登骏 | | 张国华<br>张敦诚<br>何绍彬 | |
| 15 | 1990 | 周朝富<br>（兼） | 陈登骏 | | 张国华<br>张敦诚<br>何绍彬 | |
| 16 | 1992 | 陈登骏 | | 张国华 | 张敦诚<br>何绍彬 | 泸州教育学院<br>（泸州大学） |
| 17 | 1993 | 陈登骏 | | 张国华 | 张敦诚<br>汤秉厚<br>何绍彬 | |
| 18 | 1996 | 陈登骏 | | 张国华 | 汤秉厚<br>何绍彬<br>荣隆徽 | |
| 19 | 1998 | 陈登骏 | 陈千百 | 张国华 | 汤秉厚<br>何绍彬<br>荣隆徽 | |
| 20 | 1999 | 周伯骐 | 彭继元<br>陈千百 | 彭继元 | 汤秉厚<br>何绍彬<br>荣隆徽 | |

## 4.四川省水利机电学校主要领导任职年表（1964—2002）

| 序　号 | 时　间 | 书　记 | 副书记 | 校　长 | 副校长 | 校　名 |
|---|---|---|---|---|---|---|
| 1 | 1964 | | 骆习礼（负责人） | | | 四川省宜宾专区<br>水电职业学校 |
| 2 | 1965 | | 骆习礼 | | 骆习礼 | 四川省宜宾专区<br>半工半读水电学<br>校 |
| 3 | 1966 | 王新方 | 骆习礼 | | 骆习礼 | |
| 4 | 1971 | 王新方 | 骆习礼 | | 骆习礼 | |
| 5 | 1975 | | 宁东启 | | 骆习礼 | 四川省泸州水利<br>电力学校 |
| 6 | 1977 | | 钱文衡<br>宁东启 | | 骆习礼 | |
| 7 | 1978 | | 钱文衡<br>潘玉祥 | | 白成万<br>潘玉祥 | |

| 序 号 | 时 间 | 书 记 | 副书记 | 校 长 | 副校长 | 校 名 |
|---|---|---|---|---|---|---|
| 8 | 1980 | | 钱文衡 | | 白成万<br>潘玉祥<br>王志林 | |
| 9 | 1981 | 向一全 | | | 白成万<br>王志林<br>邱永卓 | |
| 10 | 1983 | 向一全 | 涂多余 | 邱永卓 | 白万成<br>罗忠礼 | 四川省水利机电学校 |
| 11 | 1985 | 张文定 | 涂多余 | | 张乃富<br>张渠杨 | |
| 12 | 1986 | 张文定 | 袁惠慈<br>涂多余 | 袁惠慈 | 张乃富<br>张渠杨 | |
| 13 | 1991 | 袁惠慈 | 罗明全 | 罗明全 | 李远林<br>叶明森 | |
| 14 | 1994 | | 靳如荣<br>罗明全 | 罗明全 | 丁洪宣<br>叶明森 | |
| 15 | 1995 | 靳如荣 | 罗明全 | 罗明全 | 肖顺奇<br>丁洪宣 | |
| 16 | 1999 | 靳如荣 | 肖顺奇 | 肖顺奇 | 丁洪宣 | |

## 5.泸州职业技术学院主要领导任职年表（2002—2021）

| 序 号 | 时 间 | 书 记 | 副书记 | 院 长 | 副院长 |
|---|---|---|---|---|---|
| 1 | 2002 | 周伯骐 | 彭继元<br>靳如荣 | 彭继元 | 罗万钧　陈千百<br>荣隆徽　汤秉厚 |
| 2 | 2004 | 周伯骐 | 贺元成<br>靳如荣 | 贺元成 | 陈千百　荣隆徽 |
| 3 | 2005 | 周伯骐 | 贺元成<br>靳如荣 | 贺元成 | 陈千百　荣隆徽<br>杜旭林　邓安容 |
| 4 | 2006 | 周伯骐 | 贺元成<br>靳如荣 | 贺元成 | 杜旭林　邓安容 |
| 5 | 2008 | 周伯骐 | 贺元成 | 贺元成 | 杜旭林　邓安容 |
| 6 | 2009 | 周伯骐 | 贺元成 | 贺元成 | 杜旭林　邓安容　彭涛 |
| 7 | 2010 | | 贺元成<br>张爽 | 贺元成 | 杜旭林　邓安容　彭涛 |
| 8 | 2012 | | 贺元成<br>张爽 | 贺元成 | 彭涛　邓安容 |
| 9 | 2013 | 代华龙 | 贺元成<br>张爽 | 贺元成 | 彭涛　邓安容　徐波 |
| 10 | 2014 | 代华龙 | 贺元成<br>张爽 | 贺元成 | 彭涛　邓安容<br>徐波　张直明 |

续表

| 序 号 | 时 间 | 书 记 | 副书记 | 院 长 | 副院长 |
|---|---|---|---|---|---|
| 11 | 2015 | 代华龙 | 贺元成<br>张 爽 | 贺元成 | 彭 涛 徐 波<br>张直明 周学红 |
| 12 | 2017 | | 贺元成<br>张 爽 | 贺元成 | 彭 涛 徐 波<br>张直明 卢世伦 |
| 13 | 2018 | 何杰 | 贺元成<br>张 爽 | 贺元成 | 彭 涛 徐 波<br>张直明 卢世伦 |
| 14 | 2019-<br>2019.07 | 何杰 | 贺元成<br>张 爽 | 贺元成 | 彭 涛 徐 波<br>张直明 卢世伦 |
| 15 | 2019.07-<br>2019.11 | 何杰 | 贺元成<br>张 爽 | 贺元成 | 彭 涛 徐 波 张直明<br>卢世伦 熊 剑 |
| 16 | 2019.11-<br>2020.07 | 何杰 | 杨宗伟<br>张 爽 | 杨宗伟 | 彭 涛 徐 波 张直明<br>卢世伦 熊 剑 吴代彬<br>梁 杰 |
| 17 | 2020.07-<br>2021.01 | 何杰 | 杨宗伟<br>张 爽 | 杨宗伟 | 卢世伦 熊 剑 吴代彬<br>梁 杰 蒋 平 |
| 18 | 2021.01-<br>2021.06 | 何杰 | 杨宗伟<br>张 爽 | 杨宗伟 | 卢世伦 熊 剑 吴代彬<br>梁 杰 蒋 平 |
| 19 | 2021.06-<br>2021.07 | 何杰 | 杨宗伟<br>吴代彬 | 杨宗伟 | 卢世伦 熊 剑<br>梁 杰 蒋 平 |
| 20 | 2021.07- | 何杰 | 杨宗伟<br>吴代彬 | 杨宗伟 | 卢世伦 熊 剑 梁 杰<br>蒋 平 银 盈 许 亮 |

# 三、校名校址沿革

| 学校名称 | 时 间 | 学校名称变更 | 学校地址 |
|---|---|---|---|
| 川南师范 | 1901 | 川南经纬学堂 | 泸州试院<br>（原四川省公安管理干部学院所在地） |
| | 1902 | 川南师范学堂 | 水井沟川南书院<br>（今泸州市梓桐路小学校） |
| | 1913 | 川南联合县立师范学校 | 水井沟川南书院<br>（今泸州市梓桐路小学校） |
| | 1928 | | 三道拐福音堂 |
| | 1937 | 川南泸县省立师范学校 | 水井沟川南书院<br>（今泸州市梓桐路小学校） |
| | 1939 | | 泸县安贤乡兆雅镇燕子岩<br>（现泸县四中校园内） |
| | 1940 | 四川省立师范学校 | 泸县安贤乡兆雅镇燕子岩<br>（现泸县四中校园内） |
| | 1946 | | 盐局（原市委党校址） |

| 学校名称 | 时　间 | 学校名称变更 | 学校地址 |
|---|---|---|---|
| 原泸州师范学校 | 1950 | 川南泸县师范学校 | 瓦窑坝（原四川化工职业技术学院） |
| | 1951 | | 中平远路原峨眉中学（原泸州老窖天府中学） |
| | 1953 | 四川省泸县师范学校 | 永丰桥址（今四川省泸州市第一中学校） |
| | 1957 | 四川省泸州师范学校 | 永丰桥址（今四川省泸州市第一中学校） |
| 原泸州教育学院 | 1958 | 泸州大学 | 杜家街原工农干校内（工科） |
| | | | 瓦窑坝(师范科) |
| | 1959 | 泸州专科学校 | 瓦窑坝 |
| | 1962 | 宜宾地区教师进修学校 | 瓦窑坝 |
| | 1979 | 宜宾地区教师进修学院 | 瓦窑坝 |
| | 1984 | 泸州教育学院 | 瓦窑坝 |
| 原四川省水利机电学校 | 1964 | 四川省宜宾专区水电职业学校 | 杜家街 |
| | 1965 | 四川省宜宾专区半工半读水电学校 | 杜家街 |
| | 1974 | 四川省泸州水利电力学校 | 杜家街 |
| | 1979 | 宜宾地区教师进修学院 | 杜家街 |
| | 1980 | 四川省水利机电学校 | 杜家街 |
| 三校合并 | 2002 | 泸州职业技术学院 | 瓦窑坝 |
| | 2014 | 泸州职业技术学院（泸州技师学院） | 瓦窑坝 |
| | 2017 | 泸州职业技术学院（泸州技师学院） | 龙马潭区长桥路 |

# 四、荣誉录（部分）

## 1.学院荣誉（省级以上奖励）

| 序　号 | 时　间 | 获奖情况 | 授奖单位 |
|---|---|---|---|
| 1 | 2007 | 四川省2006年度高校外事工作进步单位 | 四川省教育厅 |
| 2 | 2007 | 四川省模范职工之家 | 四川省总工会 |
| 3 | 2008 | 四川省教育纪检监察工作先进集体 | 四川省教育厅 |
| 4 | 2008 | 普通高等学校毕业生就业工作先进集体 | 四川省教育厅 |
| 5 | 2008 | 2007年度"四川省模范职工之家" | 四川省总工会 |
| 6 | 2008 | 2005-2007年度大学生思想政治教育先进集体 | 四川省教育厅 |

续表

| 序 号 | 时 间 | 获奖情况 | 授奖单位 |
|---|---|---|---|
| 7 | 2008 | 四川省工会基层女职工工作2004-2008年度先进集体 | 四川省总工会 |
| 8 | 2010 | 四川省依法治校示范学校 | 四川省教育厅、四川省法制建设领导小组 |
| 9 | 2011 | 四川省高等学校先进基层党组织 | 中共四川省委教育工作委员会 |
| 10 | 2011 | 四川省大学生思想政治教育先进集体（管理工程系） | 中共四川省委宣传部、四川省教育厅、共青团四川省委 |
| 11 | 2011 | 四川省档案"五五"普法先进集体 | 四川省法建办、四川省档案局 |
| 12 | 2012 | 四川省档案工作先进集体 | 四川省人力资源和社会保障厅、四川省档案局 |
| 13 | 2012 | 四川省2011年度学生军训工作先进单位 | 四川省军区、四川省教育厅 |
| 14 | 2013 | 全省先进基层纪检监察组织(监审处) | 中共四川省纪委、四川省监察厅、四川省人社厅 |
| 15 | 2013 | 四川省首批统计教育培训基地 | 四川省统计局 |
| 16 | 2013 | 四川省普通高等学校毕业生就业工作先进单位 | 四川省教育厅 |
| 17 | 2013 | 全国先进社科组织 | 中国社科联 |
| 18 | 2013 | 四川省六好基层关工委先进单位 | 四川省关工委 |
| 19 | 2016 | 先进基层党组织(党务支部) | 中共四川省委教育工作委员会 |
| 20 | 2017 | 国家级高技能人才培训基地建设单位 | 四川省人力资料与社会保障厅、四川省财政厅 |
| 21 | 2017 | 2016年度"四川省五四红旗团委" | 共青团四川省委 |
| 22 | 2017 | 全国职工教育培训示范点 | 全国总工会 |
| 23 | 2018 | 职业院校数字校园建设实验校 | 中央电化教育馆 |
| 24 | 2018 | 全国先进社科组织 | 全国大中城市社科联主席团 |
| 25 | 2018 | 教育部第三批现代学徒制试点单位 | 教育部办公厅 |
| 26 | 2019 | 国家级节约型公共机构示范单位 | 国家机关事务局、国家发改委、财政部 |
| 27 | 2019 | 2018年度全省高校定点扶贫先进单位 | 中共四川省委教育工作委员会、四川省教育厅 |
| 28 | 2019 | 离退休干部工作"先进集体" | 中共四川省委教育工作委员会、四川省教育厅 |
| 29 | 2019 | 四川省2019年省级退役军人职业技能承训机构 | 四川省退役军人事务厅、四川省人力资源和社会保障厅、四川省教育厅 |
| 30 | 2020 | 2019中国高职50强 | 中国职业教育百强评选组委会、职业教育北京论坛组委会 |
| 31 | 2020 | 2019年度全省高校定点扶贫工作先进单位 | 中共四川省委教育工作委员会 |
| 32 | 2020 | 第三批国防教育特色学校 | 教育部 |
| 33 | 2020 | 国家级公共机构能效领跑者单位 | 国家机关事务管理局、国家发展改革委、财政部 |

| 序号 | 时间 | 获奖情况 | 授奖单位 |
|---|---|---|---|
| 34 | 2020 | 第二届四川省文明校园 | 四川省文明委 |
| 35 | 2020 | 第三批国防教育特色学校 | 教育部 |
| 36 | 2020 | 四川省高校党组织"样板支部"培育单位(信息工程学院教工党支部) | 中共四川省委教育工作委员会 |
| 37 | 2021 | 四川省"样板支部"培育单位(信息工程学院教工党支部) | 中共四川省委教育工作委员会 |

## 2.教师获奖（市级以上政府奖励）

| 序号 | 时间 | 获奖教师 | 获奖情况 | 授奖单位 |
|---|---|---|---|---|
| 1 | 2003 | 李自璋 | 省高等学校优秀党务工作者 | 中共四川省委教育工作委员会 |
| 2 | 2003 | 李晓莲 | 四川省优秀共产党员 | 四川省教育厅 |
| 3 | 2003 | 张骥 | "三下乡"社会实践活动优秀教师 | 四川省委宣传部等 |
| 4 | 2004 | 胡勇 | 四川省普通高校招生工作先进个人 | 四川省教育厅 |
| 5 | 2004 | 王晓辉 | 泸州市先进工作者 | 泸州市人民政府 |
| 6 | 2005 | 詹定权 | 泸州市2005年度优秀共产党员 | 中共泸州市委 |
| 7 | 2005 | 周蜀蓉 | 泸州市2005年度优秀党务工作者 | 中共泸州市委 |
| 8 | 2005 | 贺元成 | 四川省优秀共产党员 | 四川省教育厅 |
| 9 | 2005 | 詹定权 | 优秀共产党员 | 中共泸州市委 |
| 10 | 2005 | 贺元成 | 泸州市第二批学术和技术带头人 | 泸州市人民政府 |
| 11 | 2005 | 熊明亮 | 泸州市杰出青年创新带头人 | 中共泸州市委、泸州市人民政府 |
| 12 | 2005 | 詹定权 | 泸州市2005年度优秀共产党员 | 中共泸州市委 |
| 13 | 2005 | 周蜀蓉 | 泸州市2005年度优秀党务工作者 | 中共泸州市委 |
| 14 | 2006 | 李自璋 | 泸州市学术和技术带头人后备人选 | 泸州市人民政府 |
| 15 | 2006 | 车林仙 | 泸州市学术和技术带头人后备人选 | 泸州市人民政府 |
| 16 | 2006 | 杨文玲 | 泸州市优秀共产党员 | 中共泸州市委 |
| 17 | 2006 | 胡银亨 | 泸州市第八批拔尖人才 | 中共泸州市委、泸州市人民政府 |
| 18 | 2007 | 杜旭林 | 泸州市第三批学术和技术带头人 | 泸州市人民政府 |
| 19 | 2007 | 杜旭林 | 四川省优秀教育工作者 | 四川省人事厅、四川教育厅 |
| 20 | 2008 | 洪兴华 | 四川省高等学校优秀共产党员 | 中共四川省委教育工作委员会 |
| 21 | 2008 | 洪兴华 | 四川省高等学校抗震救灾优秀共产党员 | 中共四川省委教育工作委员会 |
| 22 | 2008 | 戴勤友 | 泸州市优秀共产党员 | 中共泸州市委 |
| 23 | 2008 | 杜旭林 | 泸州市第九批拔尖人才 | 中共泸州市委、泸州市人民政府 |
| 24 | 2009 | 曾庆双 | 2009年四川省教育系统优秀教师 | 四川省人事厅、四川省教育厅 |
| 25 | 2010 | 蔡炳云 | 泸州市第四批学术和技术带头人 | 泸州市人民政府 |
| 26 | 2011 | 曾庆双 | 泸州市第十批拔尖人才 | 中共泸州市委、泸州市人民政府 |

续表

| 序号 | 时间 | 获奖教师 | 获奖情况 | 授奖单位 |
|---|---|---|---|---|
| 27 | 2011 | 胡 勇 | 泸州市优秀党务工作者 | 中共泸州市委 |
| 28 | 2013 | 邓安容 | 四川省三八红旗手 | 四川省妇女联合会 |
| 29 | 2013 | 曾庆双 | 泸州市第五批学术和技术带头人 | 中共泸州市委、泸州市人民政府 |
| 30 | 2013 | 余晓萍 | 第八届泸州市劳动模范 | 泸州市人民政府 |
| 31 | 2013 | 卢 玲 | 四川省高校辅导员职业能力大赛二等奖 | 四川省教育厅 |
| 32 | 2013 | 刘昱聘 | 四川省高等学校优秀党支部书记 | 中共四川省委教育工作委员会 |
| 33 | 2013 | 欧阳宏虹 | 四川省高等学校优秀共产党员 | 中共四川省委教育工作委员会 |
| 34 | 2013 | 学工党支部 | 四川省高等学校先进基层党组织 | 中共四川省委教育工作委员会 |
| 35 | 2013 | 李自璋 | 泸州市优秀共产党员 | 泸州市人民政府 |
| 36 | 2013 | 贺元成 | 第十一批四川省有突出贡献的优秀专家 | 四川省人力资源与社会保障厅 |
| 37 | 2013 | 尹 林 | 四川省第十批学术和技术带头人后备人选 | 中共四川省委组织部等 |
| 38 | 2014 | 周 娜 | 泸州市优秀教师 | 泸州市人民政府 |
| 39 | 2014 | 熊 剑 | 泸州市优秀教育工作者 | 泸州市人民政府 |
| 40 | 2014 | 李自璋 | 泸州市第十一批拔尖人才 | 中共泸州市委、泸州市人民政府 |
| 41 | 2015 | 李自璋 | 泸州市第六批学术和技术带头人 | 中共泸州市委、泸州市人民政府 |
| 42 | 2015 | 周 娜 | 泸州市第六批学术和技术带头人 | 中共泸州市委、泸州市人民政府 |
| 43 | 2015 | 温怀玉 | 泸州市第六批学术和技术带头人 | 中共泸州市委、泸州市人民政府 |
| 44 | 2016 | 尹 林 | 泸州市第十二批拔尖人才 | 中共泸州市委、泸州市人民政府 |
| 45 | 2016 | 付龙虎 | 泸州市第十二批拔尖人才 | 中共泸州市委、泸州市人民政府 |
| 46 | 2016 | 蒋华国 | 泸州市优秀教师 | 泸州市人民政府 |
| 47 | 2016 | 唐继红 | 泸州市优秀教师 | 泸州市人民政府 |
| 48 | 2016 | 夏培惠 | 泸州市优秀班主任 | 泸州市人民政府 |
| 49 | 2016 | 刘 华 | 泸州市优秀班主任 | 泸州市人民政府 |
| 50 | 2016 | 唐春妮 | 四川省优秀共产党员 | 中共四川省委教育工作委员会 |
| 51 | 2016 | 褚旭艳 | 四川省优秀党务工作者 | 中共四川省委教育工作委员会 |
| 52 | 2017 | 尹 林 | 泸州市第十二批拔尖人才 | 中共泸州市委、泸州市人民政府 |
| 53 | 2017 | 付龙虎 | 泸州市第十二批拔尖人才 | 中共泸州市委、泸州市人民政府 |
| 54 | 2017 | 陈昌涛 | 泸州市第四届酒城英才 | 中共泸州市委、泸州市人民政府 |
| 55 | 2018 | 黄文杰 | 泸州市优秀教师 | 泸州市人民政府 |
| 56 | 2018 | 胡丹萍 | 泸州市优秀教师 | 泸州市人民政府 |
| 57 | 2018 | 艾国利 | 泸州市优秀班主任 | 泸州市人民政府 |
| 58 | 2018 | 张献慧 | 泸州市优秀班主任 | 泸州市人民政府 |
| 59 | 2018 | 曾 炬 | 四川省优秀教师 | 四川省教育厅 |

| 序号 | 时间 | 获奖教师 | 获奖情况 | 授奖单位 |
|---|---|---|---|---|
| 60 | 2018 | 邓 波 | 四川省学术技术带头人后备人选 | 四川省人力资源和社会保障厅等八部门 |
| 61 | 2018 | 刘亚大 | 中国泸州人才发展大会组织工作先进个人 | 中共泸州市委、泸州市人民政府 |
| 62 | 2018 | 雷梦瑶 | 中国泸州人才发展大会组织工作先进个人 | 中共泸州市委、泸州市人民政府 |
| 63 | 2019 | 曾 契 | 泸州市优秀教师 | 泸州市人民政府 |
| 64 | 2019 | 王少军 | 泸州市优秀教师 | 泸州市人民政府 |
| 65 | 2019 | 代 燕 | 泸州市优秀班主任 | 泸州市人民政府 |
| 66 | 2019 | 孙晓曦 | 泸州市优秀班主任 | 泸州市人民政府 |
| 67 | 2019 | 易 琳 | 泸州市优秀教师 | 泸州市人民政府 |
| 68 | 2019 | 陈运军 | 泸州市优秀教师 | 泸州市人民政府 |
| 69 | 2019 | 樊明哲 | 泸州市优秀教师 | 泸州市人民政府 |
| 70 | 2019 | 邹涪陵 | 泸州市优秀班主任 | 泸州市人民政府 |
| 71 | 2019 | 史瑞龙 | 泸州市优秀班主任 | 泸州市人民政府 |
| 72 | 2019 | 付龙虎 | 酒城英才工匠之星 | 中共泸州市委组织部、泸州市科学技术与人才工作局 |
| 73 | 2019 | 李建华 | 酒城英才科技之星 | 中共泸州市委组织部、泸州市科学技术与人才工作局 |
| 74 | 2019 | 机械工程学院 | 酒城英才科技创新团队 | 中共泸州市委组织部、泸州市科学技术与人才工作局 |
| 75 | 2019 | 郑钰琪 | 四川省退役军人先进个人 | 四川省退役军人事务厅、四川省人力资源和社会保障厅 |
| 76 | 2019 | 王 亮 | 泸州市优秀党务工作者 | 中共泸州市委 |
| 77 | 2020 | 曾庆双 | 四川省教书育人名师 | 四川省教育厅 |
| 78 | 2020 | 史瑞龙 | 四川省高校名辅导员 | 四川省教育厅 |
| 79 | 2020 | 陈光玖 | 四川省学术技术带头人后备人选 | 四川省人力资源和社会保障厅等八部门 |
| 80 | 2020 | 郑钰琪 | 四川省学术技术带头人后备人选 | 四川省人力资源和社会保障厅等八部门 |
| 81 | 2020 | 彭雪明 | 四川省学术技术带头人后备人选 | 四川省人力资源和社会保障厅等八部门 |
| 82 | 2021 | 万昭元 | 四川省脱贫攻坚先进个人 | 中共四川省委、四川省人民政府 |
| 83 | 2021 | 张杨波 | 2020年度四川省优秀第一书记表扬对象 | 中共四川省委组织部 |
| 84 | 2021 | 刘钶苇 | 直属事业单位及高等学校教育脱贫攻坚专项奖励嘉奖 | 四川省教育厅 |
| 85 | 2021 | 郑钰琪 | 四川省优秀共产党员 | 中共四川省委 |
| 86 | 2021 | 卢 玲 | 泸州五四青年奖章 | 共青团泸州市委 |
| 87 | 2021 | 刘 静 | 第十六届中国国际酒业博览会先进个人 | 中共泸州市委、泸州市人民政府 |

续表

| 序号 | 时间 | 获奖教师 | 获奖情况 | 授奖单位 |
|---|---|---|---|---|
| 88 | 2021 | 袁庆莉 | 第十六届中国国际酒业博览会先进个人 | 中共泸州市委、泸州市人民政府 |
| 89 | 2021 | 马 苏 | 第十六届中国国际酒业博览会先进个人 | 中共泸州市委、泸州市人民政府 |

## 3.科研、教研成果获奖（市级以上政府奖励）

| 序号 | 时间 | 成果名称 | 获奖情况 | 授奖单位 | 负责人 |
|---|---|---|---|---|---|
| 1 | 2004 | 新课程语文教育怎样改革 | 泸州市第八届哲学社会科学优秀成果评选二等奖 | 泸州市人民政府 | 王晓辉 周 娜 |
| 2 | 2004 | 语文教学理论与实践 | 泸州市第八届哲学社会科学优秀成果一等奖 | 泸州市人民政府 | 孔祥坤 |
| 3 | 2007 | 政府形象力的价值及其构建过程 | 泸州市第九次社会科学优秀科研成果奖二等奖 | 泸州市人民政府 | 曾庆双 |
| 4 | 2007 | 专著初中综合实践活动的组织与实施 | 泸州市第九次社会科学优秀科研成果奖二等奖 | 泸州市人民政府 | 杜旭林 |
| 5 | 2008 | 高职机械基础系列课程体系的构建与实践 | 四川省高等教育教学成果三等奖 | 四川省人民政府 | 车林仙 贺元成 |
| 6 | 2008 | 通用档案管理系统 | 泸州市科技进步二等奖 | 泸州市人民政府 | 贺元成 温怀玉 杜旭林 |
| 7 | 2008 | 泸州市融入长江上游经济圈的对策研究 | 泸州市第十次哲学社会科学优秀成果二等奖 | 泸州市人民政府 | 杜旭林 叶 剑 李晓玲 卢 薇 徐毅勇 |
| 8 | 2008 | 泸州旅游工艺品开发现状与对策研究 | 泸州市第十次哲学社会科学优秀成果二等奖 | 泸州市人民政府 | 蔡炳云 李 安 唐春妮 高 源 |
| 9 | 2010 | 新农村信息服务中心建设研究 | 泸州市第十一次哲学社会科学优秀成果一等奖 | 泸州市人民政府 | 杜旭林 温怀玉 朱 勤 贺元成 王箭飞 |
| 10 | 2010 | 素质教育背景达成批判 | 泸州市第十一次哲学社会科学优秀成果一等奖 | 泸州市人民政府 | 荣隆徽 |
| 11 | 2010 | 蜀南彝族咪苏唢呐研究 | 泸州市第十一次哲学社会科学优秀成果二等奖 | 泸州市人民政府 | 张小燕 周 娜 周蜀蓉 周志荣 谢云秀 |
| 12 | 2010 | 大学生心理素质训练 | 泸州市第十一次哲学社会科学优秀成果二等奖 | 泸州市人民政府 | 倪海珍 杜旭林 潘绿萍 汪 玲 陈晓燕 |
| 13 | 2012 | 边缘化文学风景——新世纪文学热点览要 | 泸州市第十二次哲学社科优秀成果一等奖 | 泸州市人民政府 | 周 娜 |
| 14 | 2012 | 泸州市高性能液压件高新技术发展研究 | 泸州市第十二次哲学社科优秀成果二等奖 | 泸州市人民政府 | 贺元成 张安民 曾庆双 洪 震 |
| 15 | 2012 | 设计古典、高雅、内敛的酒城形象——酒城形象设计研究综述 | 泸州市第十二次哲学社科优秀成果二等奖 | 泸州市人民政府 | 叶永春 |

| 序号 | 时间 | 成果名称 | 获奖情况 | 授奖单位 | 负责人 |
|---|---|---|---|---|---|
| 16 | 2013 | 网站集群管理系统 | 泸州市科技进步二等奖 | 泸州市人民政府 | 贺元成　温怀玉　温怀德　洪震　王箭飞 |
| 17 | 2014 | 高职高专机械基础系列课程与教材建设研究与实践 | 四川省第七届优秀教学成果三等奖 | 四川省人民政府 | 贺元成 |
| 18 | 2014 | 基于白酒营销人才培养的市场营销专业课程体系改革与实践 | 四川省第七届优秀教学成果三等奖 | 四川省人民政府 | 曾庆双 |
| 19 | 2014 | 高职"体育与健康"课程建设研究 | 四川省第七届优秀教学成果三等奖 | 四川省人民政府 | 尹　林 |
| 20 | 2014 | 农村三资信息管理与网络监管平台建设研究 | 泸州市科技进步二等奖 | 泸州市人民政府 | 贺元成　温怀玉　洪震　王箭飞 |
| 21 | 2014 | 教育伦理溯源 | 泸州市第十三次哲学社会科学优秀成果一等奖 | 泸州市人民政府 | 荣隆徽 |
| 22 | 2014 | 合江民歌研究 | 泸州市第十三次哲学社会科学优秀成果一等奖 | 泸州市人民政府 | 谢云秀　周娜　张小燕 |
| 23 | 2014 | 中国白酒文化 | 泸州市第十三次哲学社会科学优秀成果二等奖 | 泸州市人民政府 | 曾庆双　王平春　许凯 |
| 24 | 2014 | 川南彝族唢呐音乐文化研究 | 泸州市第十三次哲学社会科学优秀成果二等奖 | 泸州市人民政府 | 张小燕　周娜　周志荣 |
| 25 | 2014 | 三化联动背景下泸州沿江旅游经济带开发研究报告 | 泸州市第十三次哲学社会科学优秀成果二等奖 | 泸州市人民政府 | 黄顺红　梁陶　王文彦　李中华 |
| 26 | 2014 | 泸州市高职教师专业发展现状调研报告 | 泸州市第十三次哲学社会科学优秀成果二等奖 | 泸州市人民政府 | 朱勤　温怀玉　王箭飞　陈昌涛　蒲先祥 |
| 27 | 2015 | 基于云安全的移动OA协同办公管理软件 | 泸州市科技进步二等奖 | 泸州市人民政府 | 贺元成　温怀玉　洪震　温怀德　黄英 |
| 28 | 2016 | 个性化教育理念下高职体育分层教学法的应用 | 四川高等职业院校2016年体育科学论文报告三等奖 | 四川省教育厅 | 黄文杰 |
| 29 | 2017 | 以学校为依托建立国家级青少年体育俱乐部发展实践研究——以泸州市为例 | 第十三届全国学生运动会科学论文报告会三等奖 | 四川省教育厅 | 刘畅 |
| 30 | 2017 | 水潦彝乡"哭嫁歌"民俗研究：基于四川省泸州市叙永县水潦乡海崖彝寨的调查 | "五粮液"杯四川省第八届大学生艺术展演活动一等奖 | 四川省教育厅 | 许达之 |
| 31 | 2017 | 依托高职开展分水油纸伞技艺传承与创新的思考 | "五粮液"杯四川省第八届大学生艺术展演活动二等奖 | 四川省教育厅 | 郭叙娟 |

续表

| 序号 | 时间 | 成果名称 | 获奖情况 | 授奖单位 | 负责人 |
|------|------|----------|----------|----------|--------|
| 32 | 2017 | 学前教育专业钢琴教学改革探讨 | "五粮液"杯四川省第八届大学生艺术展演活动三等奖 | 四川省教育厅 | 高 媛 |
| 33 | 2018 | "政园企校"四方联动模式促进职业教育发展的长效机制研究以泸州市为例 | 四川省第八届高等教育优秀教学成果三等奖 | 四川省人民政府 | 贺元成 |
| 34 | 2018 | 基于区域内共建共享的高职公选课建设研究 | 四川省第八届高等教育优秀教学成果三等奖 | 四川省人民政府 | 潘绿萍 |

## 4.科研课题（省级以上）

| 序号 | 时间 | 课题名称 | 审批单位 | 负责人 |
|------|------|----------|----------|--------|
| 1 | 2009 | 低噪声挖掘机、抓料机的研究与开发 | 国家科技部 | 贺元成 |
| 2 | 2005 | 职业教育在人力资源转变为人力资本中的作用及机制研究 | 四川省教育厅 | 贺元成 |
| 3 | 2005 | 公办高职院校内部管理模式研究 | 四川省教育厅 | 杜旭林 |
| 4 | 2005 | 西部地区高职院校管理模式研究 | 四川省科技厅 | 贺元成 |
| 5 | 2007 | 专业技术人员继续教育管理模式研究及应用 | 四川省科技厅 | 贺元成 |
| 6 | 2007 | 校务管理信息系统建设及研究 | 四川省教育厅 | 贺元成 |
| 7 | 2008 | 顺心门信息服务中心的建设与管理模式研究 | 四川省科技厅 | 温怀玉 |
| 8 | 2008 | 基于计算智能的机构学非线性问题解法研究 | 四川省科技厅 | 车林仙 |
| 9 | 2008 | 高效智能照明管理系统 | 四川省科技厅 | 刘创宇 |
| 10 | 2008 | 高职高专校园网站建设评估体系研究 | 四川省教育厅 | 温怀玉 |
| 11 | 2009 | 大学生思想政治教育手段现代化研究 | 四川省教育厅 | 熊明亮 |
| 12 | 2010 | 基于网络环境下全自动液压打包机CAD技术研究及开发 | 四川省教育厅 | 贺元成 |
| 13 | 2010 | 工学结合背景下增强高职院校思想政治理论课教育实效性的研究 | 四川省教育厅 | 叶 剑 |
| 14 | 2010 | 基于白酒营销的高职市场营销专业实践教学体系研究 | 四川省教育厅 | 曾庆双 |
| 15 | 2010 | 高职学生就业心理研究 | 四川省教育厅 | 邓安容 |
| 16 | 2010 | 四川省贫困地区初等教育农村师资培养模式研究 | 四川省教育厅 | 邓安容 |
| 17 | 2010 | 高职院校科研管理机制建设研究 | 四川省科技厅 | 朱 勤 |
| 18 | 2011 | 基于园区的企业综合信息服务平台建设与研究 | 四川省科技厅 | 贺元成 |
| 19 | 2011 | 物流园区物联网应用系统研究 | 四川省教育厅 | 贺元成 |
| 20 | 2011 | 高职院校科研管理信息系统建设研究 | 四川省教育厅 | 温怀玉 |
| 21 | 2011 | 四川高职教育十年发展路径与规律探究 | 四川省教育厅 | 杜旭林 |

| 序号 | 时间 | 课题名称 | 审批单位 | 负责人 |
|------|------|----------|----------|--------|
| 22 | 2011 | 职业教育区域化发展研究 | 四川省教育厅 | 彭 涛 |
| 23 | 2011 | 高职机电专业行动导向教学模式研究与实践 | 四川省教育厅 | 李庭贵 |
| 24 | 2011 | 应用电子技术专业实践教学体系的构建 | 四川省教育厅 | 吴 强 |
| 25 | 2011 | 高职大学生心理健康教育系统工程研究 | 四川省教育厅 | 李自璋 |
| 26 | 2011 | 全液压长螺旋复合式自测钻机 | 四川省教育厅 | 张安民 |
| 27 | 2011 | 西部贫困山区农村教师心理健康状况与教育对策研究 | 四川省教育厅 | 李自璋 |
| 28 | 2011 | "中国白酒金三角"白酒产业合作模式与升级研究 | 四川省教育厅 | 林 洁 |
| 29 | 2011 | 泸酒文化的挖掘与应用研究 | 四川省教育厅 | 叶永春 |
| 30 | 2012 | 示范性高职院校核心竞争力研究 | 四川省教育厅 | 彭 涛 |
| 31 | 2012 | 川南彝族唢呐音乐文化研究 | 四川省教育厅 | 张小燕 |
| 32 | 2012 | 四川省中小型白酒企业竞争力研究 | 四川省教育厅 | 王平春 |
| 33 | 2012 | 泸酒产业文化科技资源库构建 | 四川省教育厅 | 曾庆双 |
| 34 | 2013 | 高职院校图书馆古籍线装书的保护与应用价值研究 | 四川省教育厅 | 彭 涛 |
| 35 | 2013 | 高职院校品牌形象塑造研究——基于UIS视角 | 四川省教育厅 | 邓安容 |
| 36 | 2013 | 高职院校教师退出与补充机制的研究 | 四川省教育厅 | 彭雪明 |
| 37 | 2013 | 高职大学生心理危机预警与干预机制研究与实践 | 四川省教育厅 | 李自璋 |
| 38 | 2013 | 乌蒙山区四川省域内十年职业教育发展调查及职业教育资源配置研究 | 四川省教育厅 | 温济川 |
| 39 | 2013 | 大型挖掘机多泵液系统研究与系统建设 | 四川省教育厅 | 洪 震 |
| 40 | 2013 | 生态文明理念融入大学生思想政治教育的价值困境和对策研究 | 四川省教育厅 | 李光胜 |
| 41 | 2013 | 教师伦理文化建设基本方向及策略 | 四川省教育厅 | 荣隆徽 |
| 42 | 2013 | 中高职公共英语课程体系有效衔接的探索性研究 | 四川省教育厅 | 贺义辉 |
| 43 | 2013 | 农村幼儿园教学活动评价研究——以四川省泸州地区为例 | 四川省教育厅 | 谢应琴 |
| 44 | 2013 | 农村幼儿教师入职适应研究 | 四川省教育厅 | 唐林兰 |
| 45 | 2013 | 大学生思想政治教育中坚定"道路自信 理论自信 制度自信"研究 | 四川省教育厅 | 唐家州 |
| 46 | 2013 | 泛媒体时代川酒文化传播体系的研究 | 四川省教育厅 | 梁丽静 |
| 47 | 2013 | 面向国际市场的中国白酒文化传播体系研究 | 四川省教育厅 | 林 洁 |
| 48 | 2013 | 大学生社会主义核心价值体系教育的理论与实证研究 | 四川省教育厅 | 李光胜 |
| 49 | 2013 | 生态文明框架下四川革命老区美丽新农村建设研究 | 四川省教育厅 | 李光胜 |
| 50 | 2013 | 高效节能泵关键技术研究 | 四川省科技厅 | 贺元成 |

续表

| 序号 | 时间 | 课题名称 | 审批单位 | 负责人 |
|---|---|---|---|---|
| 51 | 2013 | 蜀南彝族人文地理音乐文化旅游创意研究 | 四川省科技厅 | 张小燕 |
| 52 | 2013 | 全自动水筛机开发与研究 | 四川省科技厅 | 张安民 |
| 53 | 2013 | 离散约束蜂群算法及其机械优化设计应用 | 四川省科技厅 | 何 兵 |
| 54 | 2014 | 基于10KV超高压电驱动特大型全液压挖掘机回转节能控制系统研究 | 四川省科技厅 | 贺元成 |
| 55 | 2014 | 中国白酒金三角产业合作模式与升级研究 | 四川省科技厅 | 林 洁 |
| 56 | 2014 | 基于gTME技术的浓香型白酒高效发酵己酸菌选育及应用研究 | 四川省科技厅 | 薛正楷 |
| 57 | 2014 | 多目标差分进化算法及其在机械工程中的应用研究 | 四川省教育厅 | 何 兵 |
| 58 | 2014 | 基于全局转录调控机制工程的浓香型白酒高效发酵己酸菌选育及产业化应用研究 | 四川省教育厅 | 薛正楷 |
| 59 | 2014 | 利用浓香型白酒丢糟发酵生产高蛋白复合微生物饲料添加剂的工艺研究 | 四川省教育厅 | 李 进 |
| 60 | 2014 | 基于人工智能的汇率组合预测模型研究 | 四川省教育厅 | 张延利 |
| 61 | 2014 | 四川省城镇居民健身活动开展现状与对策研究 | 四川省教育厅 | 赵丽琼 |
| 62 | 2014 | 地方戏中韩湘子故事研究 | 四川省教育厅 | 江 敏 |
| 63 | 2014 | 高职院校大学生诚信教育研究 | 四川省教育厅 | 田 勇 |
| 64 | 2014 | 高校微信舆情的调控研究 | 四川省教育厅 | 邱有春 |
| 65 | 2014 | 四川少数民族酒文化整理与研究 | 四川省教育厅 | 林 洁 |
| 66 | 2014 | 四川省乌蒙山革命老区加快转变经济发展方式的思路与对策研究 | 四川省教育厅 | 林 洁 |
| 67 | 2014 | 川南泸州革命老区红色文化研究史料、文献整理研究 | 四川省教育厅 | 周 娜 |
| 68 | 2014 | 文化发展视角下四川革命老区文艺队伍建设研究——以红色文化名城泸州为研究个案 | 四川省教育厅 | 张 茵 |
| 69 | 2014 | 和谐社会视域下培育社会两性和谐的途径研究 | 四川省教育厅 | 李光胜 |
| 70 | 2014 | 以社会主义核心价值观引领中小学教师师德建设研究 | 四川省教育厅 | 李光胜 |
| 71 | 2014 | 校企合作促进中职教师专业发展的研究 | 四川省教育厅 | 周琳媛 |
| 72 | 2014 | 西南大中城市体育休闲产业经济效益可持续发展研究 | 四川省教育厅 | 潘施伊 |
| 73 | 2014 | 川南少数民族特色运动休闲产业发展策略研究 | 四川省教育厅 | 黄文杰 |
| 74 | 2014 | 农村居民健康生活方式养成研究——以泸州市为例 | 四川省教育厅 | 王 锋 |
| 75 | 2014 | 农村传统伦理道德与新型社区道德的关系研究 | 四川省教育厅 | 钟发霞 |
| 76 | 2014 | 高职大学生社会主义核心价值观教育的有效途径研究 | 四川省教育厅 | 唐家州 |

| 序号 | 时间 | 课题名称 | 审批单位 | 负责人 |
|---|---|---|---|---|
| 77 | 2014 | 职业技能大赛对高职学生职业能力培养的影响研究 | 四川省教育厅 | 张献慧 |
| 78 | 2014 | 四川地区0-3岁婴幼儿家长育儿需求及家长培训现状研究 | 四川省教育厅 | 陈小艳 |
| 79 | 2014 | 高职院校教师专业发展的反思与重构——基于多维学术观 | 四川省教育厅 | 彭雪明 |
| 80 | 2014 | 基于欧内斯特学术观对我国高职教师专业发展的反思研究 | 四川省教育厅 | 彭雪明 |
| 81 | 2014 | 高职大学生社会主义核心价值观教育实效性的实现途径研究 | 四川省教育厅 | 李光胜 |
| 82 | 2015 | 自媒体时代企业危机公关策略研究 | 四川省教育厅 | 陈光谊 |
| 83 | 2015 | 长江经济带战略背景下构建长江上游物流驱动型经济增长模式研究 | 四川省教育厅 | 唐 飞 |
| 84 | 2015 | 基于川酒文化的旅游产业区域合作发展研究 | 四川省教育厅 | 牟 红 |
| 85 | 2015 | 高职市场营销专业学期项目设计研究 | 四川省教育厅 | 王平春 |
| 86 | 2015 | 秸秆燃烧发电的关键技术研究 | 四川省教育厅 | 周文平 |
| 87 | 2015 | 改进的差分进化算法在液压缸优化设计中的应用 | 四川省教育厅 | 李庭贵 |
| 88 | 2015 | 基于表面肌电信号的手部动作姿态识别研究 | 四川省教育厅 | 周丽娜 |
| 89 | 2015 | 中高职衔接视域下的专业教学资源共享共建研究——以工程测量技术专业为例 | 四川省教育厅 | 张献慧 |
| 90 | 2015 | 川南地区养殖胭脂鱼寄生虫车轮虫种群及其病害监控与防治研究 | 四川省教育厅 | 梁丽静 |
| 91 | 2015 | 基于Hadoop的运营商业务数据分析及智慧营销平台关键技术研究 | 四川省教育厅 | 崔 伟 |
| 92 | 2015 | 思想政治理论课培育大学生和谐理念的对策研究 | 四川省教育厅 | 张少云 |
| 93 | 2015 | 泸州汉苗彝族传统特色音乐文化保护与传承研究 | 四川省教育厅 | 谢云秀 |
| 94 | 2015 | 川南人文地理音乐文化研究 | 四川省教育厅 | 谢云秀 |
| 95 | 2015 | 川滇黔边境地区彝族音乐保护开发及校园传承研究 | 四川省教育厅 | 唐继红 |
| 96 | 2015 | 城镇居民文化消费情况研究——以川南城镇群为例 | 四川省教育厅 | 刘永丽 |
| 97 | 2015 | 川南农村中小学艺术教师专业发展需求及对策研究 | 四川省教育厅 | 许达之 |
| 98 | 2015 | 川南少数民族地区幼儿园教师艺术素质与本土民族文化相融合的研究 | 四川省教育厅 | 张 骥 |
| 99 | 2015 | 思政课与公安院校大学生政治忠诚教育关系研究 | 四川省教育厅 | 曾 炬 |
| 100 | 2015 | 公立医院医疗服务提升对策研究 | 四川省教育厅 | 王平春 |
| 101 | 2015 | 对口招生模式中的高职学前教育专业人才培养模式的构建与实践研究 | 四川省教育厅 | 唐林兰 |

续表

| 序号 | 时间 | 课题名称 | 审批单位 | 负责人 |
|---|---|---|---|---|
| 102 | 2015 | 基于积极心理学的高职大学生思想政治教育实效性研究 | 四川省教育厅 | 李光胜 |
| 103 | 2015 | 高职院校学生党员理想信念现状及教育对策研究 | 四川省教育厅 | 贺珍佑 |
| 104 | 2015 | 高职学生核心竞争力培养研究 | 四川省教育厅 | 付先全 |
| 105 | 2015 | 特殊教育教师胜任力研究 | 四川省教育厅 | 李光胜 |
| 106 | 2015 | 四川省特殊教育学校教师自我发展压力研究 | 四川省教育厅 | 付先全 |
| 107 | 2015 | "鸡鸣三省"会议相关争议问题再研究——纪念"鸡鸣三省"会议80周年 | 四川省教育厅 | 李光胜 |
| 108 | 2015 | 面向国际市场的中国白酒品牌塑造体系研究——基于消费者认知视角 | 四川省教育厅 | 牟 红 |
| 109 | 2015 | 职业技能大赛对工程测量技术专业人才培养影响研究 | 四川省教育厅 | 张献慧 |
| 110 | 2015 | 高职院校女教师心理健康状况调研——以川南地区高职院校为例 | 四川省教育厅 | 倪海珍 |
| 111 | 2015 | 浓香型白酒丢糟发酵生产高蛋白高活性复合微生物饲料添加剂工艺研究 | 四川省科技厅 | 李 进 |
| 112 | 2015 | 高性能液压件关键技术研究及其产业化 | 四川省科技厅 | 贺元成 |
| 113 | 2015 | 基于混合定位技术的儿童位置实时追踪系统关键技术研究 | 四川省教育厅 | 卓先德 |
| 114 | 2015 | 变电站智能巡检机器人的关键技术研究 | 四川省教育厅 | 龚勤慧 |
| 115 | 2015 | 泸州白酒物流发展模式与对策研究 | 四川省教育厅 | 马文波 |
| 116 | 2015 | 基于学术职业视角的高职教师发展制度创新研究 | 四川省教育厅 | 彭雪明 |
| 117 | 2016 | 中高职衔接背景下中职教师培训课程开发研究 | 四川省教育厅 | 周琳媛 |
| 118 | 2016 | 新媒体视域下高职大学生社会主流意识形态的教育引导研究 | 四川省教育厅 | 曾 炬 |
| 119 | 2016 | 绿色发展理念融入大学生思想政治教育价值、困境及对策研究 | 四川省教育厅 | 喻维春 |
| 120 | 2016 | 四川省智慧医疗产业发展思路与对策研究——以泸州市为例 | 四川省教育厅 | 林 洁 |
| 121 | 2016 | 高职院校《形势与政策》课程建设的现状、困境与对策研究 | 四川省教育厅 | 贺珍佑 |
| 122 | 2016 | 自媒体环境下基层警察思想政治工作机制创新研究 | 四川省教育厅 | 贺珍佑 |
| 123 | 2016 | "健康川酒文化"的构建与传播研究 | 四川省教育厅 | 李 进 |
| 124 | 2016 | 专科层次全科型农村小学教师本土化定向培养模式研究 | 四川省教育厅 | 陈善珍 |
| 125 | 2016 | 川南地区农村老年人心理健康状况及对策研究 | 四川省教育厅 | 汪 玲 |
| 126 | 2016 | 四川合江石顶山革命武装起义红色文化保护与开发研究 | 四川省教育厅 | 谢云秀 |

| 序号 | 时间 | 课题名称 | 审批单位 | 负责人 |
|---|---|---|---|---|
| 127 | 2016 | 朱德在川南的革命活动研究-纪念朱德诞辰130周年 | 四川省教育厅 | 唐家州 |
| 128 | 2016 | 四川大学生中医药保健认知的现状分析及对策研究 | 四川省教育厅 | 李 进 |
| 129 | 2016 | 候鸟儿童基本文化权益保障研究———以泸州市为例 | 四川省教育厅 | 倪海珍 |
| 130 | 2016 | 县域视野下的基层公共文化服务体系建设研究——以泸州市泸县为例 | 四川省教育厅 | 牟 红 |
| 131 | 2016 | 四川省水泥行业现状及供应侧应对策略研究 | 四川省统计局 | 曾德贵 |
| 132 | 2016 | 高职院校学生社团管理模式创新研究 | 四川省教育厅 | 朗润华 |
| 133 | 2016 | 高职内刊学报可持续发展的路径选择和对策研究-以泸州片区为例 | 四川省教育厅 | 周 娜 |
| 134 | 2016 | 自媒体时代企业危机公关策略研究 | 四川省教育厅 | 陈光谊 |
| 135 | 2016 | 中高职衔接视域下的专业教学资源共享共建研究 | 四川省教育厅 | 张献慧 |
| 136 | 2016 | 改进的差分进化算法在液压缸优化设计中的应用 | 四川省教育厅 | 李庭贵 |
| 137 | 2016 | 基于表面肌电信号的手部动作姿态识别研究 | 四川省教育厅 | 周丽娜 |
| 138 | 2016 | 现代学徒制视域下培育理工科高技能人才模式研究-以酿酒技术专业为例 | 四川省教育厅 | 李 进 |
| 139 | 2017 | 新能源汽车充电桩智能快速充电关键技术研究及应用示范 | 四川省科技厅 | 晏剑辉 |
| 140 | 2017 | 基于多场耦合的液压系统发热机理及其抑制研究 | 四川省科技厅 | 周文平 |
| 141 | 2017 | 高铁移动模架造桥机超高压液压系统关键技术研发 | 四川省科技厅 | 贺元成 |
| 142 | 2017 | "体育与健康"在线开放课程对高职大学生休闲 体育行为影响研究——以四川省为例 | 四川省教育厅 | 尹 林 |
| 143 | 2017 | 大学生心理健康教育活动体系研究与实践 | 四川省教育厅 | 李自璋 |
| 144 | 2017 | 巴蜀优秀传统文化融入大学生思想政治教育研究 | 四川省教育厅 | 钟发霞 |
| 145 | 2017 | 基于文化扶贫视角的革命老区公共文化服务体系研究——以四川省乌蒙山革命老区为例 | 四川省教育厅 | 林金柱 |
| 146 | 2017 | 0-3岁婴儿课程与3-6岁幼儿课程衔接问题研究 | 四川省教育厅 | 唐林兰 |
| 147 | 2017 | 川南革命老区农村全科小学教师实践能力培养研究 | 四川省教育厅 | 陈善珍 |
| 148 | 2017 | 互联网+川酒文化国际传播策略研究 | 四川省教育厅 | 潘玲玲 |
| 149 | 2017 | 滚板山歌口述史整理与研究 | 四川省教育厅 | 郭叙娟 |
| 150 | 2017 | 泸县百和莲花枪口述史研究 | 四川省教育厅 | 肖成英 |
| 151 | 2017 | 终身教育背景下的中美两国中高等职业教育衔接机 制比较研究 | 四川省教育厅 | 贺义辉 |

续表

| 序号 | 时间 | 课题名称 | 审批单位 | 负责人 |
|---|---|---|---|---|
| 152 | 2017 | 爆炸螺栓自动化装配设备研究及应用 | 四川省教育厅 | 洪 震 |
| 153 | 2017 | 四川省农业现代化发展水平研究 | 四川省教育厅 | 唐 亮 |
| 154 | 2017 | 德国"双元制"职教模式在我省职业院校的实践研究 | 四川省社科联 | 贺元成 |
| 155 | 2017 | 校园合作构建农村幼儿教师观察能力的培养体系研究 | 四川省教育厅 | 卢 玲 |
| 156 | 2017 | 高职院校思政教学中传承中华优秀传统文化研究 | 四川省教育厅 | 唐仕钧 |
| 157 | 2017 | 基于四川自由贸易区发展背景下高职会展英语人才培养模式研究 | 四川省社科联 | 陈新宇 |
| 158 | 2017 | 一种基于互联网+的居家养老产品开发 | 四川省教育厅 | 晏剑辉 |
| 159 | 2017 | 互联网环境下川南地区石刻艺术数字化展示研究 | 四川省教育厅 | 曾 凌 |
| 160 | 2017 | 长江上游经济鱼类寄生车轮虫研究 | 四川省教育厅 | 胡银亨 |
| 161 | 2017 | 推进四川省科技服务业机制体制改革研究——以泸州市为例 | 四川省教育厅 | 林 洁 |
| 162 | 2018 | 双元抗性基因整合型超表达高效产己酸工程菌的选育研究 | 四川省教育厅 | 薛正楷 |
| 163 | 2018 | 液压伺服系统的神经网络自适应PID控制 | 四川省教育厅 | 李庭贵 |
| 164 | 2018 | 纯电动汽车电池管理技术的开发与应用 | 四川省教育厅 | 曾 契 |
| 165 | 2018 | 面向大规模云中心异构服务器的负载感知性能优化策略研究 | 四川省教育厅 | 李建华 |
| 166 | 2018 | 基于大数据挖掘的高职数字媒体专业学生学习模式研究 | 四川省教育厅 | 邱有春 |
| 167 | 2018 | 一带一路战略与内陆自贸区建设背景下川酒品牌传播策略研究 | 四川省教育厅 | 曾庆双 |
| 168 | 2018 | 基于工作过程系统化的高职写作课程重构 | 四川省教育厅 | 王箭飞 |
| 169 | 2018 | 自贸区与区域高校共育人才研究——以川南临港自贸区为例 | 四川省教育厅 | 周 瑜 |
| 170 | 2018 | 论国际视野下四川古建筑旅游APP发展的再研究-以泸县龙桥群为例 | 四川省教育厅 | 易 琳 |
| 171 | 2018 | 地方高职院校教师发展路径研究——基于教学学术视角 | 四川省教育厅 | 彭雪明 |
| 172 | 2018 | 基于通识教育视角的高职院校文学类选修课程设置模式研究 | 四川省教育厅 | 刘小姣 |
| 173 | 2018 | 新型城镇化背景下农民工"市民化"后的职业教育与培训研究——以川南城镇群为例 | 四川省教育厅 | 陈新宇 |
| 174 | 2018 | 讨论式教学法及其在高职思政课中的运用 | 四川省教育厅 | 钟发霞 |
| 175 | 2018 | 白酒分灌装计量检测分拣系统 | 四川省教育厅 | 张远辉 |
| 176 | 2018 | 高职院校传承优秀传统文化有效方法与途径研究 | 四川省教育厅 | 唐仕钧 |
| 177 | 2018 | 川南边远山区农村全科教师音乐技能培养若干问题研究 | 四川省教育厅 | 张 茵 |

| 序号 | 时间 | 课题名称 | 审批单位 | 负责人 |
|---|---|---|---|---|
| 178 | 2018 | 健康中国战略背景下城市社区老年心理健康服务体系构建研究——以泸州地区为例 | 四川省教育厅 | 倪海珍 |
| 179 | 2018 | 0-3早期教育师资职前培养体系构建研究——基于德国"双元制"人才培养模式的思考 | 四川省教育厅 | 刘晓娟 |
| 180 | 2018 | 基于大学社区构建教学养一体化的高职0-3岁早期教育方向实践课程研究 | 四川省教育厅 | 杨梦琪 |
| 181 | 2018 | 校企合作构建专科0-3岁早期教育课程体系的研究 | 四川省教育厅 | 卢 玲 |
| 182 | 2018 | 精准扶贫背景下乌蒙山区小学全科教师音乐教学能力培养体系研究 | 四川省教育厅 | 张 茵 |
| 183 | 2018 | 高职院校师范生培养模式优化研究——基于教师专业发展角度 | 四川省教育厅 | 付先全 |
| 184 | 2018 | 基于专业认证标准的高职学前教育人才培养模式研究 | 四川省教育厅 | 谢应琴 |
| 185 | 2018 | "精准扶贫"背景下乌蒙山区学前教育发展状况研究 | 四川省教育厅 | 唐林兰 |
| 186 | 2018 | 汉代经学伦理与审美关系研究 | 四川省教育厅 | 朱路昕 |
| 187 | 2018 | 习近平新时代中国特色社会主义思想融入大学生思想政治教育的实践路径研究 | 四川省教育厅 | 贺珍佑 |
| 188 | 2018 | 农村婴幼儿家庭早期阅读现状与指导策略研究 | 四川省教育厅 | 王春燕 |
| 189 | 2018 | 农村幼儿园课程游戏化的优化策略研究——以泸州地区为例 | 四川省教育厅 | 谢应琴 |
| 190 | 2018 | 川黔赤水河流域非遗音乐文化读本 | 四川省社科联 | 谢云秀 |
| 191 | 2019 | 德国"双元制"职教模式在西部高职的本土化实践研究——以机电一体化技术专业为例 | 教育部社科司 | 贺元成 |
| 192 | 2019 | 高性能液压件油缸自动装配生产线研制 | 四川省科技厅 | 洪 震 |
| 193 | 2019 | 高职院校学生喜爱的思政课教学风格研究 | 四川省教育厅 | 吕 欢 |
| 194 | 2019 | 四川革命老区绿色生活方式培养研究——以泸州古叙革命老区为例 | 四川省教育厅 | 曾 炬 |
| 195 | 2019 | 牛滩马儿灯口述史研究 | 四川省教育厅 | 郭叙娟 |
| 196 | 2019 | "色达骨笛"非遗传承人口述实录与挖掘研究 | 四川省教育厅 | 李姝萌 |
| 197 | 2019 | 农村幼儿园教师专业实践中的伦理困境研究 | 四川省教育厅 | 李林烛 |
| 198 | 2019 | 高校学生管理创新模式研究 | 四川省教育厅 | 徐月梅 |
| 199 | 2019 | 0-3岁早期教育教师职业胜任力要素及培养研究 | 四川省教育厅 | 谢应琴 |
| 200 | 2019 | 农村地区0-3岁婴幼儿家庭教养现状及策略研究——基于人类发展生态学理论的思考 | 四川省教育厅 | 李林烛 |
| 201 | 2019 | 新时代背景下0-3早教机构教师专业化发展的调查研究 | 四川省教育厅 | 刘一春 |
| 202 | 2019 | 传承泸州优秀传统文化 增强市民文化自信 | 四川省教育厅 | 唐仕钧 |
| 203 | 2020 | 色达藏戏传承人口述史实录与整理研究 | 四川省教育厅 | 李姝萌 |

续表

| 序号 | 时间 | 课题名称 | 审批单位 | 负责人 |
|---|---|---|---|---|
| 204 | 2020 | 口述史视野下的泸州傩戏传承研究 | 四川省教育厅 | 江 敏 |
| 205 | 2020 | 纳溪"搬打狮子"的传承与发展——基于口述史料的实证研究 | 四川省教育厅 | 葛宏伟 |
| 206 | 2020 | 川酒经销商的国际市场选择与进入模式研究——以泸州老窖为例 | 四川省教育厅 | 陈新宇 |
| 207 | 2020 | 文旅融合视野下的基层特色文化遗产开发与共享研究——以泸州宋代石刻资源为例 | 四川省教育厅 | 赵 兰 |
| 208 | 2020 | 军嫂婚姻质量现状调查及应对策略研究——以空军某旅为例 | 四川省教育厅 | 钟 雪 |
| 209 | 2020 | 高职院校0-3岁早期教育师资核心技能职前培养研究 | 四川省教育厅 | 余婉婷 |
| 210 | 2020 | 心理学视角下托育课程的建设研究 | 四川省教育厅 | 江禹禹 |
| 211 | 2020 | 基于专业发展的0-3岁早期教育教师职后培训研究 | 四川省教育厅 | 罗 丽 |
| 212 | 2020 | 基于专业标准的农村小学教师专业能力现状与对策研究——以川南地区为例 | 四川省教育厅 | 张 清 |
| 213 | 2020 | 基于"UGS三位一体"的乡村教师协同培养实践教学体系研究——以泸州市为例 | 四川省教育厅 | 袁卫民 |
| 214 | 2020 | 基于科技创新视角的四川省县域经济高质量发展提升路径研究 | 四川省教育厅 | 林金柱 |
| 215 | 2020 | 川南地区县域产业发展定位研究 | 四川省教育厅 | 曾庆双 |
| 216 | 2020 | 四川省农村幼儿体育游戏的开发与实施研究 | 四川省教育厅 | 赵丽琼 |
| 217 | 2020 | VR技术在遗复原中的应用研究——以屏山县龙氏山庄为例 | 四川省教育厅 | 何顶军 |
| 218 | 2020 | 小学生防性侵意识和能力现状及教育对策研究-以泸州为例 | 四川省教育厅 | 寻芒芒 |
| 219 | 2020 | 教育信息化时代高职院校教学督导机制建设的问题及对策研究 | 四川省社科联 | 汪 玲 |
| 220 | 2020 | 基于大数据的高职院校思想政治教育精准化研究 | 四川省教育厅 | 高 娜 |
| 221 | 2020 | 融合大数据和人工智能技术的学科服务模式创新研究 | 四川省教育厅 | 袁庆莉 |
| 222 | 2020 | 智媒时代下川南苗家织布手工艺的数字化保护与发展研究 | 四川省教育厅 | 赵 倩 |
| 223 | 2021 | 饮料容器连续清洗作业用水循环装置及远程智能管理系统的示范应用 | 四川省科技厅 | 唐敬友 |
| 224 | 2020 | 改性高分子材料的研发及在包装制品中的产业化应用 | 四川省科技厅 | 唐敬友 |
| 225 | 2020 | 工匠精神培育融入高职思政课教学方法的创新策略研究 | 四川省教育厅 | 李 茂 |
| 226 | 2021 | 中国共产党百年思想政治教育对新时代高校思政工作的启示研究 | 四川省教育厅 | 肖艳梅 |
| 227 | 2021 | 基于脂肪酸逆向β-氧化途径的稳定型高抗性高效乳酸利用工程菌的选育与产业化集成示范 | 四川省科技厅 | 薛正楷 |

## 5.优秀教学团队

| 序号 | 时间 | 名称 | 等级 | 负责人 |
|---|---|---|---|---|
| 1 | 2009 | 机械基础教学基地 | 省级 | 贺元成 |
| 2 | 2009 | 教育科学教学团队 | 省级 | 杜旭林 |
| 3 | 2021 | 《大学生心理健康教育》《大学语文》《中华传统文化经典选读》人文素质公共课程群"课程思政"示范教学团队 | 省级 | 付先全 |

## 6.学生获奖名单（国家奖学金和省级优秀大学生）

| 序号 | 获奖名称 | 获奖年度 | 获奖名单 |
|---|---|---|---|
| 1 | 国家奖学金 | 2008 | 丁宴彬　吴　倩　封秀英　刘　兵　石超华 |
| 2 | | 2009 | 杨　雯　苟玉迪　缪佳利 |
| 3 | | 2010 | 汪　丽　杨成宇　赵　强 |
| 4 | | 2011 | 张秀丽　汪　婷　宋　月 |
| 5 | | 2012 | 陈佳莉　张定友　邓　璞 |
| 6 | | 2013 | 文粒权　蒋华容　王　涛　朱　伟　唐　远　曾　琦　刘晓芳 |
| 7 | | 2014 | 王　洋　罗　琴　赵　佳　辛　悦　邓茹云　匡莹莹　陈　兵 |
| 8 | | 2015 | 廖小容　黄　磊　罗　颖　范恩迁　严泽萱　杨成飞 |
| 9 | | 2016 | 曹　填　刘玉银　张　霭　郑　婷　颜松林　赖钰伶　陈俊佐 |
| 10 | | 2017 | 杜仁悦　陈骥扬　水　杜　张倩文 |
| 11 | | 2018 | 罗雨丹　林　佳　王春艳　何雪章 |
| 12 | | 2019 | 吴雪娇　方梓涵　陈　晨　赵玉琦　秦　娜　贾梦娇　肖禹涵　李　奥　淡雅涵　陈思琴 |
| 13 | | 2020 | 雷　霖　张　彬　沈　婧　唐艺津　曾　尧　沈　亮　罗　恬　王世琪　郭群鑫　唐　鹏　舒　雅 |
| 14 | 四川省优秀大学毕业生 | 2006 | 林晓娟　宋大强　邹国平　谭　静　张　明　邓小娟　庞　高 |
| 15 | | 2007 | 杨贵华　黄　虎　喻　刚　刘春琴　缪　霞　李春佳　向　阳　唐丽娜　涂山川　魏娇娇　邓爱明 |
| 16 | | 2008 | 杨婷婷　李庭成　付俊杰　雷小宏　王　莉　罗　凤　廖泽强　刘文敏　张　静　周永久　李　旭　黄　谦　何奉山　陈红霞　金　勇　罗玉华　董　强　李四淑　黄　容　伍丽娟 |
| 17 | | 2009 | 封秀英　王　燕　吴　倩　刘　兵　胡光亮　向必兰　徐海洋　段　松　樊金凤　曹　静　王　涓　陈　婕　赵　露　陈利萍　杨洪兴　罗　莉　林　俊　程　龙　石超华　尤永利 |
| 18 | | 2010 | 董　娜　罗泽梅　李扬萍　娄文杰　陈红军　曹宏宏　何俊伟　倪福广　唐　林　王　丹　苟玉迪　章馨月　胡少勇　钟　霞　闫江涛　峮　洁　孙　瑗　李　晶　蒋　杰　缪佳利　谢扬志 |
| 19 | | 2011 | 赵　真　李　雪　周　鑫　胡　梅　刘海钰　黄洋海　查茂成　段　钢　李伟军　梁　永　李雄权　赵　平　鄢红霞　赵　莉　孙天娟　杨成宇　杨　超　邬婷婷　张茂婷　肖　娟　蒋梦婕　王　易　赵　强　杨　琴　蔺力勇 |

续表

| 序号 | 获奖名称 | 获奖年度 | 获奖名单 |
|---|---|---|---|
| 20 | 四川省优秀大学毕业生 | 2012 | 宋交会　曾家凤　赵亚庆　陈　珂　唐先琴　黄家元　唐远华　罗　兵<br>李文　　庞　炜　王甸萍　鄢灵敏　方　利　易居白　李　莉　张秀丽<br>江　霞 |
| 21 | | 2013 | 田　甜　饶玲玲　王　湘　段　松　袁光敏　廖凯锋　周昶宏　曹　强<br>旷婷婷　赵力民　刘　娅　李　强　高　扬　徐　艳　陈玲玲　冯　丽<br>陈佳莉　何贤君　杜　婷　刘　叶　张定友　万泽辉　陈扬名 |
| 22 | | 2014 | 李　川　蒋晨悦　杨　超　陈　浩　蒋　华　余　琼　王　涛　罗　维<br>唐　远　邓双全　张　雪　朱　伟　曾　琦　魏宁玉　沈红梅　赵艺杰<br>李妍炘　李梓萱　唐　亚　曾跃春　文粒权　何成沙　郑小茜　甘翠英<br>李新蓓　钟凯丽　郭万庆　张　瑜 |
| 23 | | 2015 | 陈红邑　石　龙　刘　杨　李灵玲　赵　佳　付　宇　辛　悦　杜　杰<br>陈晓燕　罗　虎　邓茹云　何钱梅　谢云霞　雍　清　匡萤萤　曾　蕾<br>宋旭芳　范海芹　杨厚义　李　梅　王　洋　莫金萍　谢雯丽　余玲麟<br>万长英　林秋霞　凌　雪　陈　兵 |
| 24 | | 2016 | 赵　静　陈雪莹　徐　冬　唐　鹏　黄潇潇　黄　磊　吴健民　罗　颖<br>孙泽丽　范恩迁　宋卢瑶　肖　肖　詹　文　杨明香　张　怡　严　敏<br>朱惠梅　王　桃　胡容瑶　张　丽　郭宝民　刘　欣　孙　玉 |
| 25 | | 2017 | 曾　瑱　袁　鹏　赖钰伶　罗　鸿　徐浩燊　苏宋凡　刘　鑫　边　博<br>张　彪　罗晓兰　胡文富　张　燚　邓学江　代　杰　叶茂华<br>李秋宇　郑　婷　何代银　简　燚　张曦月　黄琳芮　陈俊佐　曹跃勤<br>卢　璐　张雨昕　刘志江　闫菊红　胡　玥　刘玉银 |
| 26 | | 2018 | 何雪章　夏成佳　张　凯　魏艺琳　吴　帅　陈　杨　李　陈　曾莎莎<br>尹凯利　文馨悦　罗雨丹　刘　军　刘　茂　王成记　林厚坤　张　芹<br>刘明元　向　星　舒　琪　刘　琴　吴　媛　孙　菊　刘　玉　古梦煊<br>霍宏秀　敖　铭　朱学民　翟繁荣　王春艳　林　佳　张欣悦 |
| 27 | | 2019 | 刘可欣　贾梦娇　李文国　孟　萍　陈恒安　文　武　祁林珊　张焱冰<br>罗裕锋　李　奥　肖禹涵　彭佳丽　周国芬　李芋双　赵玉琦　李　瑶<br>秦　娜　陈　梅　谭金玉　张忠瑜　赵　漫　蒋馨雨　蔡茂圆　吴雪娇<br>熊芹瑛　何　燕　唐旖荷　彭　爽　淡雅涵　陈思琴　罗小华 |
| 28 | | 2020 | 李　燕　左　敏　李佳丽　但　慧　雷　霖　蒋玉梅　刘　敏　费安玉<br>张萌瑶　代汶芯　胡潇月　候洁雅　梁景杨　刘　霞　何定兰　刘　祺<br>许光源　段　晴　张兴仪　卢嘉鑫　万芹利　曾婷婷　周　道　柾燕灵<br>邓雅兮　刘　莎　李　雯　谭　敏　张　瑜　田沛丽　席　灿　陈　菊<br>吴　饶　王世琪　罗　恬　杨　鑫　代美栀　计月月　梅　杰　文　科<br>罗大生　文　欣　饶　春　王露秋　郭群鑫　李欣颖　李福华　陈　巍<br>刘国淞　曹鑫如　尹佳欣　张　彬　沈　婧　向帮超　汪军权　罗　潇<br>苏永金　孙　梨　张　虎　顾　萍　陈志荣　李天雄　王玉波　何修俊<br>舒　超　吉浩铭　林　源　王　源　罗晨梦　鲁金花　杨凤娟　李佳莲<br>沈　亮　曹春梅　代成梅　李媛钰　雷亭可　雷亭可　李雪梅　敬勇军<br>杨　洁　钟　婷　张金浩　唐艺津　曾　尧　隆美霖　刘　洁　宋志燕<br>邱先美　舒　雅　罗佳欣　周久玉　谈瑞　　赵天羽　李梦瑶　李学会<br>李晓凤　王　彬　赵仕宇　熊又民　戴雨晴　李付余　伍良萍　安兴丽<br>陈　琦　陈礼倩　马　艳　胡恩慧　何常香　曾　丽 |

## 7.教师参加竞赛获奖

| 序号 | 时间 | 获奖教师 | 项目名称 | 获奖情况 | 授奖单位 |
|---|---|---|---|---|---|
| 1 | 2015年 | 胡丹萍　刘云兵<br>崔海燕 | 四川省高职院校信息化<br>教学大赛 | 二等奖 | 四川省教育厅 |

| 序号 | 时间 | 获奖教师 | 项目名称 | 获奖情况 | 授奖单位 |
|---|---|---|---|---|---|
| 2 | 2015年 | 田勇 | 四川省高职高专院校思想政治理论课青年教师教学能手大赛 | 二等奖 | 四川省教育厅 |
| 3 | 2018年 | 黄春花　何仕朝　周明桂 | 四川省高等职业院校教师教学能力大赛 | 三等奖 | 四川省教育厅 |
| 4 | 2018年 | 吕欢　唐家州　曾炬 | 四川省高等职业院校教师教学能力大赛 | 三等奖 | 四川省教育厅 |
| 5 | 2019年 | 吕欢 | 四川省高等职业院校教师教学能力大赛 | 三等奖 | 四川省教育厅 |
| 6 | 2019年 | 钟雪 | 四川省高等职业院校教师教学能力大赛 | 三等奖 | 四川省教育厅 |
| 7 | 2019年 | 胡丹萍　刘云兵　陈叙笛　蒋华国 | 四川省高等职业院校教师教学能力大赛 | 一等奖 | 四川省教育厅 |
| 8 | 2019年 | 付先全　寻芒芒　彭雪明　李金芝 | 四川省高等职业院校教师教学能力大赛 | 二等奖 | 四川省教育厅 |
| 9 | 2019年 | 周丽娜　李世彬　洪震　熊隽 | 四川省高等职业院校教师教学能力大赛 | 三等奖 | 四川省教育厅 |
| 10 | 2019年 | 唐林兰　王春燕　李林烛　杨梦琪 | 四川省高等职业院校教师教学能力大赛 | 三等奖 | 四川省教育厅 |
| 11 | 2019年 | 张艳红　樊明哲　龙舰涵　胡江 | 四川省高等职业院校教师教学能力大赛 | 三等奖 | 四川省教育厅 |
| 12 | 2019年 | 张小芳　任修红　艾国利 | 四川省高等职业院校教师教学能力大赛 | 三等奖 | 四川省教育厅 |
| 13 | 2020年 | 熊隽　陈林　李世彬　何勇 | 四川省高等职业院校教师教学能力大赛 | 一等奖 | 四川省教育厅 |
| 14 | 2020年 | 王箭飞　李良勇　刘小姣　吕超荣 | 四川省高等职业院校教师教学能力大赛 | 一等奖 | 四川省教育厅 |
| 15 | 2020年 | 赵立琼　李方玉　黄文杰　白红 | 四川省高等职业院校教师教学能力大赛 | 二等奖 | 四川省教育厅 |
| 16 | 2020年 | 李建华　陈玲　陈运军　夏汛 | 四川省高等职业院校教师教学能力大赛 | 二等奖 | 四川省教育厅 |
| 17 | 2020年 | 杨宁　陈金凤　聂耕宇　林杨 | 四川省高等职业院校教师教学能力大赛 | 二等奖 | 四川省教育厅 |
| 18 | 2020年 | 曾泽霞　何波　余海溶　邹烨燔 | 四川省高等职业院校教师教学能力大赛 | 二等奖 | 四川省教育厅 |
| 19 | 2020年 | 卢玲　王春燕　杨梦琪　高原 | 四川省高等职业院校教师教学能力大赛 | 二等奖 | 四川省教育厅 |
| 20 | 2020年 | 樊明哲　张艳红　龙舰涵　何盼盼 | 四川省高等职业院校教师教学能力大赛 | 二等奖 | 四川省教育厅 |
| 21 | 2020年 | 寻芒芒　付先全　李金芝　钟雪 | 四川省高等职业院校教师教学能力大赛 | 二等奖 | 四川省教育厅 |
| 22 | 2020年 | 陈静静　刘利亚　王西琼　王文彦 | 四川省高等职业院校教师教学能力大赛 | 二等奖 | 四川省教育厅 |
| 23 | 2020年 | 唐薇　李泽佳　唐朝秀　冯婉莎 | 四川省高等职业院校教师教学能力大赛 | 二等奖 | 四川省教育厅 |

续表

| 序号 | 时间 | 获奖教师 | 项目名称 | 获奖情况 | 授奖单位 |
|---|---|---|---|---|---|
| 24 | 2020年 | 张辉 唐燕 戴勤友 王涛 | 四川省高等职业院校教师教学能力大赛 | 三等奖 | 四川省教育厅 |
| 25 | 2020年 | 代燕 马家文 许达丽 郎润华 | 四川省高等职业院校教师教学能力大赛 | 三等奖 | 四川省教育厅 |
| 26 | 2020年 | 肖燕 付龙虎 陈元富 陈婷 | 四川省高等职业院校教师教学能力大赛 | 三等奖 | 四川省教育厅 |
| 27 | 2020年 | 陈浩杰 崔海燕 杜建峰 蒋华国 | 四川省高等职业院校教师教学能力大赛 | 三等奖 | 四川省教育厅 |
| 28 | 2020年 | 陈幸吉 李丽 曾庆双 但颖 | 四川省高等职业院校教师教学能力大赛 | 三等奖 | 四川省教育厅 |
| 29 | 2020年 | 周丽娜 | 第二届全国技工院校教师职业能力大赛四川选拔赛 | 三等奖 | 四川省教育厅 |
| 30 | 2020年 | 刘永丽 杨惠婷 唐薇 唐丽丽 | 第十一届"外教社杯"全国高校外语教学比赛四川赛区 | 三等奖 | 四川省教育厅 |
| 31 | 2020年 | 何玥 | 第十一届"外教社杯"全国高校外语教学比赛四川赛区 | 一等奖 | 四川省教育厅 |
| 32 | 2021年 | 曾泽霞 何波 刘利亚 刘红莲 | 四川省高等职业院校教师教学能力大赛 | 一等奖 | 四川省教育厅 |
| 33 | 2021年 | 周丽娜 李洁 郑钰琪 李刚 | 四川省高等职业院校教师教学能力大赛 | 二等奖 | 四川省教育厅 |
| 34 | 2021年 | 刘鹏 李园媛 段会静 谢永建 | 四川省高等职业院校教师教学能力大赛 | 二等奖 | 四川省教育厅 |
| 35 | 2021年 | 刘云兵 胡丹萍 陈叙笛 白凯文 | 四川省高等职业院校教师教学能力大赛 | 二等奖 | 四川省教育厅 |
| 36 | 2021年 | 王箭飞 李良勇 吕超荣 付玉 | 四川省高等职业院校教师教学能力大赛 | 二等奖 | 四川省教育厅 |
| 37 | 2021年 | 吕欢 邹涪陵 李茂 张纲毅 | 四川省高等职业院校教师教学能力大赛 | 三等奖 | 四川省教育厅 |
| 38 | 2021年 | 赵丽琼 李方玉 黄文杰 周群英 | 四川省高等职业院校教师教学能力大赛 | 三等奖 | 四川省教育厅 |
| 39 | 2021年 | 邱有春 高娜 陈长忆 | 四川省高等职业院校教师教学能力大赛 | 三等奖 | 四川省教育厅 |
| 40 | 2021年 | 熊柳 李祖春 张礼艳 周秀娟 | 四川省高等职业院校教师教学能力大赛 | 三等奖 | 四川省教育厅 |
| 41 | 2021年 | 熊隽 李世彬 何勇 陈林 | 四川省高等职业院校教师教学能力大赛 | 三等奖 | 四川省教育厅 |
| 42 | 2021年 | 陈玲 夏汛 刘利 | 四川省高等职业院校教师教学能力大赛 | 三等奖 | 四川省教育厅 |
| 43 | 2021年 | 马凝儿 杨宁 林杨 高媛 | 四川省高等职业院校教师教学能力大赛 | 三等奖 | 四川省教育厅 |

## 8. 学生参加技能大赛获奖

| 序号 | 时间 | 获奖学生 | 获奖项目名称 | 级别 | 获奖等级 | 授奖单位 |
|---|---|---|---|---|---|---|
| 1 | 2012 | 王冬梅　万泽辉　汪鑫 | 高教社杯全国大学生数学建模竞赛专科组 | 国家级 | 二等奖 | 教育部 |
| 2 | 2012 | 李　中　龙俊杰　邓丽娟 | 全国大学生数学建模竞赛（四川赛区） | 省级 | 二等奖 | 四川省教育厅 |
| 3 | 2012 | 陈　玮　陈　健　葛　军　林　娟　邓　娟 | 第三届全国高等院校斯维尔杯BIM软件建模大赛 | 国家级 | 一等奖 | 教指委/行业协会 |
| 4 | 2012 | 阙　慧　袁　敏　温　莹 | 四川省高职院校会计技能大赛 | 省级 | 一等奖 | 四川省教育厅 |
| 5 | 2012 | 冉　娇 | 全国大学生英语竞赛 | 国家级 | 一等奖 | 教指委/行业协会 |
| 6 | 2012 | 朱志君　康　钧　张洪文　张慧君　何阳明　李　强　熊俊伟 | 全国软件专业人才设计与开发大赛（四川赛区） | 省级 | 一等奖 | 教指委/行业协会 |
| 7 | 2013 | 陈　林 | 四川省高职院校导游技能大赛 | 省级 | 一等奖 | 四川省教育厅 |
| 8 | 2013 | 李珊婷　李　灿　何彦君 | 全国大学生英语竞赛 | 国家级 | 一等奖 | 教指委/行业协会 |
| 9 | 2014 | 谢云霞 | 全国职业院校技能大赛高职组导游服务赛项 | 国家级 | 三等奖 | 教育部、国家旅游局 |
| 10 | 2015 | 曾鸳鸳　文宣林　陆　月　郑祖银 | 全国职业院校技能人赛高职组"科力达"杯测绘赛项一级导线测量赛项 | 国家级 | 三等奖 | 教育部 |
| 11 | 2015 | 陈晶晶　文国香　石　婷　赵　佳　舒　超 | 第六届全国中、高等院校学生"斯维尔杯"建筑信息模型（BIM）应用技能大赛"项目管理与投标工具箱专项" | 国家级 | 一等奖 | 中国建设教育协会 |
| 12 | 2015 | 廖小容 | 全国大学生英语竞赛 | 省级 | 特等奖 | 高等学校大学外语教学研究会 |
| 13 | 2015 | 李　巍　范恩迁　刘　伟 | 2015年甲骨文杯全国Java程序设计大赛西南赛区 | 国家级 | 一等奖 | 教育部高等学校计算机类专业教学指导委员会、全国高等院校专业教育研究会 |
| 14 | 2015 | 魏航廷 | 2015全国H3C杯大学生网络技术大赛 | 国家级 | 特等奖 | 华三通信技术有限公司（H3C） |
| 15 | 2015 | 杨成飞　何胜鑫 | 《国家级非物质文化遗产——泸州分水油纸伞创新设计制作》 | 国家级 | 二等奖 | 教育部 |

续表

| 序号 | 时间 | 获奖学生 | 获奖项目名称 | 级别 | 获奖等级 | 授奖单位 |
|---|---|---|---|---|---|---|
| 16 | 2016 | 李郁金 | 四川省大学生数学建模竞赛 | 省级 | 一等奖 | 四川省教育厅 |
| 17 | 2016 | 陈秀秋 王 丽 李爱华 陈 琳 | 四川省大学生广告艺术大赛 | 省级 | 一等奖 | 四川省教育厅 |
| 18 | 2016 | 向 宁 张 欣 | 四川省大学生电子设计竞赛 | 省级 | 一等奖 | 四川省教育厅 |
| 19 | 2016 | 江雪梅 | 2016年四川省高职高专学前教育专业学生能力大赛 | 省级 | 一等奖 | 四川省教育厅 |
| 20 | 2016 | 江雪梅 | 2016四川省高职高专学前教育学生能力大赛故事表演 | 省级 | 一等奖 | 四川省高职高专学前教育专业学生能力大赛组委会 |
| 21 | 2016 | 江雪梅 | 2016四川省高职高专学前教育学生能力大赛技能优势 | 省级 | 一等奖 | 四川省高职高专学前教育专业学生能力大赛组委会 |
| 22 | 2016 | 陈俊佐 | 全国文秘、速录职业技能竞赛 文秘专项技能青年组 | 国家级 | 一等奖 | 中国职业技术教育学会教学工作委员会 |
| 23 | 2017 | 张晓燕 官小梅 | 四川省大学生电子商务"创新、创意及创业"挑战赛 | 省级 | 一等奖 | 四川省教育厅 |
| 24 | 2018 | 肖禹涵 杜海军 孙 皓 | 四川省大学生数学建模竞赛 | 省级 | 一等奖 | 四川省教育厅 |
| 25 | 2018 | 唐 欢 | 四川省大学生广告艺术大赛 | 省级 | 一等奖 | 四川省教育厅 |
| 26 | 2018 | 彭明琴 | 四川省大学生广告艺术大赛 | 省级 | 一等奖 | 四川省教育厅 |
| 27 | 2018 | 王佳利 | 四川省大学生数字艺术作品大赛 | 省级 | 一等奖 | 四川省教育厅 |
| 28 | 2018 | 王 睿 刘 茂 孔 倩 秦 娜 刘思成 吴 蔺 谢飞燕 邵春平 杨 杰 张俊杰 | 四川省大学生电子商务"创新、创意及创业"挑战赛 | 省级 | 一等奖 | 四川省教育厅 |
| 29 | 2018 | 刘 阳 李思成 | 四川省高职院校大学生电子产品芯片级检测维修及数据恢复技能大赛 | 省级 | 一等奖 | 四川省教育厅 |
| 30 | 2018 | 刘 阳 李思成 | 全国职业院校技能大赛（高职组）电子产品芯片级检测维修与数据恢复赛项 | 国家级 | 三等奖 | 教育部 |
| 31 | 2018 | 林 波 张 星 苏 波 | 四川省高职院校大学生移动互联网应用软件开发技能大赛 | 省级 | 一等奖 | 四川省教育厅 |

| 序号 | 时间 | 获奖学生 | 获奖项目名称 | 级别 | 获奖等级 | 授奖单位 |
|------|------|----------|--------------|------|----------|----------|
| 32 | 2018 | 林波 张星 郭苏莹 | 全国职业院校技能大赛高职组"移动互联网应用软件开发"赛项 | 国家级 | 三等奖 | 教育部 |
| 33 | 2019 | 李杨泽 梅杰 蒋越 | 大学生人工智能技术与应用技能大赛 | 省级 | 一等奖 | 四川省教育厅 |
| 34 | 2019 | 肖禹涵 李志祥 韦文可 | 大学生移动互联网应用软件开发技能大赛 | 省级 | 一等奖 | 四川省教育厅 |
| 35 | 2019 | 唐鹏 罗裕锋 赖明庆 | 四川省高职院校大学生大数据技术与应用技能大赛 | 省级 | 一等奖 | 四川省教育厅 |
| 36 | 2019 | 陈晨 刘兴苹 曹建 李文国 张印红 | 四川省大学生BIM建模竞赛 | 省级 | 一等奖 | 四川省教育厅 |
| 37 | 2019 | 周旭 李秀岚 杜文其 | 四川省高职院校大学生建筑与安装工程量计算技能大赛 | 省级 | 一等奖 | 四川省教育厅 |
| 38 | 2019 | 周旭 李秀岚 杜文其 周义霜 吕云星 | 第十届全国高等院校学生"斯维尔杯"建筑信息模型应用技能大赛 | 国家级 | 一等奖 | 中国建设教育协会 |
| 39 | 2019 | 王晓 刘小艾 伍晨怡 杨微 | 全国大学生英语竞赛决赛（四川赛区） | 省级 | 一等奖 | 四川省教育厅 |
| 40 | 2019 | 唐鹏 罗裕锋 梅杰 | 全国大学生大数据技术与应用技能大赛 | 国家级 | 二等奖 | 教育部 |
| 41 | 2019 | 肖禹涵 李志祥 韦文可 | 全国大学生移动互联网应用软件开发技能大赛 | 国家级 | 二等奖 | 教育部 |
| 42 | 2019 | 贾孟娇 黄淑琼 诸学成 | 第四届全国大学生跨境电子商务专业技能竞赛 | 省级 | 一等奖 | 全国大学生跨境电子商务专业技能竞赛组委会 |
| 43 | 2019 | 陈若男 淡雅涵 曾珍 乔红 彭瑞文 陈红 刘艳 黄文志 李华素 李彤 | 四川省大学生数字艺术作品大赛 | 省级 | 一等奖 | 四川省教育厅 |
| 44 | 2019 | 隆美霖 赵玉琦 肖禹涵 唐艺津 赵熠 | 四川省大学生电子商务"创新、创意及创业"挑战赛 | 省级 | 一等奖 | 四川省教育厅 |
| 45 | 2019 | 周忠林 樊丽萍 杨洁 陈思琴 张建浩 | 四川省大学生电子商务"创新、创意及创业"挑战赛 | 省级 | 一等奖 | 四川省教育厅 |
| 46 | 2020 | 吕云星 葛超 郑迦文 肖大秀 胡锡沛 | 第一届全国高等院校学生"斯维尔杯"BIM-CIM创新大赛决赛 | 国家级 | 冠军奖 | 中国建筑教育协会 |
| 47 | 2020 | 周茂琦 许艳 罗煜东 刘莲 陈月梅 | 铂元林全国跨境电子商务创新创业挑战赛 | 国家级 | 一等奖 | 全国跨境电子商务创新创业挑战赛组委会 |

续表

| 序号 | 时间 | 获奖学生 | 获奖项目名称 | 级别 | 获奖等级 | 授奖单位 |
|------|------|----------|--------------|------|----------|----------|
| 48 | 2020 | 郭群鑫 李 叙<br>袁 乔 王露秋<br>罗 利 谢 沁<br>张 泷 李立康<br>彭佳丽 王 庆<br>朱彭建 陈 江<br>陈 玉 韩 欢<br>何建华 赵丽红<br>梁 缘 王 佳<br>王玉婷 叶国庆<br>曾 杰 李登明<br>何 研 | 第八届全国高校数字艺术大赛 | 国家级 | 一等奖 | 工业和信息化部人才交流中心 |
| 49 | 2020 | 梁 缘 王 庆<br>苏 潼 黄 显<br>夏远洪 郭群鑫<br>王露秋 罗 利<br>李茹霈 赵丽红 | 四川省大学生数字艺术作品大赛 | 省级 | 一等奖 | 四川省教育厅 |
| 50 | 2020 | 王 陈 伍良萍<br>胡畅杰 | 数字建筑创新应用大赛－－数字建模BIM一体化工程管理综合应用 | 国家级 | 一等奖 | 中国建设教育协会 |
| 51 | 2020 | 蒲 帅 陈家雨 | 四川省职业院校首届"华航唯实杯"机器人虚拟仿真大赛 | 省级 | 一等奖 | 四川省职业教育与成人教育学会加工制造专委会 |
| 52 | 2020 | 林 源 汪国胜<br>侯翼川 刘增涵<br>黄 磊 罗 潇<br>汪军权 淡海龙<br>张 彬 | 全国新能源汽车虚拟故障诊断与维修技能大赛 | 国家级 | 特等奖 | 国家职业教育新能源汽车专业教学资源库共建共享联盟 |
| 53 | 2020 | 沈 亮 杨凤娟<br>李 阳 万宇兰<br>黄 甫 | 第十届全国大学生电子商务"创新、创意及创业"挑战赛 | 省级 | 特等奖 | 全国电子商务创新产教联盟 |
| 54 | 2020 | 陈茂林 李红敏<br>王翔远 袁 浇<br>向冰洁 王翔远 | 四川省师范生三笔字书写能力竞赛 | 省级 | 一等奖 | 四川省教育厅 |
| 55 | 2020 | 宋云鹏 | 全国职业技能竞赛改革试点赛移动应用开发赛项 | 国家级 | 三等奖 | 教育部 |
| 56 | 2020 | 宋云鹏 | 全国职业技能竞赛改革试点赛四川选拔赛移动应用开发赛项 | 省级 | 一等奖 | 四川省教育厅 |
| 57 | 2020 | 苏义军 周智豪<br>于湧军 | 四川省大学生软件和信息技术专业人才大赛 | 省级 | 一等奖 | 四川省教育厅 |
| 58 | 2020 | 万宇洁等 | 第十七届当代杯全国幼儿教师职业技能大赛 | 国家级 | 一等奖 | 全国幼儿教师职业技能大赛组委会等4个单位 |
| 59 | 2020 | 雷霖等 | 2020年四川省职业院校学前教育专业教育技能大赛团体 | 省级 | 二等奖 | 四川省教育厅 |

| 序号 | 时间 | 获奖学生 | 获奖项目名称 | 级别 | 获奖等级 | 授奖单位 |
|------|------|----------|--------------|------|----------|----------|
| 60 | 2020 | 陶琴等 | 四川省师范生三笔字书写能力竞赛钢笔组 | 省级 | 一等奖 | 四川省师范生三笔字书写能力组委会 |
| 61 | 2020 | 王翔远等 | 四川省师范生三笔字书写能力竞赛毛笔组 | 省级 | 一等奖 | 四川省师范生三笔字书写能力组委会 |
| 62 | 2020 | 万宇洁 | 第十七届"当代杯"全国幼儿教师职业技能大赛 | 国家级 | 一等奖 | 全国幼教职业技能大赛组委会 |
| 63 | 2020 | 何林鸽 | 第十七届"当代杯"全国幼儿教师职业技能大赛 | 国家级 | 一等奖 | 全国幼儿教师职业技能大赛组委会 |
| 64 | 2020 | 向冰洁等 | 四川省师范生三笔字书写能力竞赛 | 省级 | 一等奖 | 四川省教育厅 |
| 65 | 2020 | 曹明雪 | 四川省高等职业院校学生英语挑战赛写作竞赛 | 省级 | 一等奖 | 四川省教育厅 |
| 66 | 2020 | 蒋玉梅等 | 全国职业院校技能大赛改革试点赛四川省选拔赛团体 | 省级 | 二等奖 | 四川省教育厅 |
| 67 | 2020 | 夏泊 | 2020年四川省师范生三笔字书写能力竞赛 | 省级 | 一等奖 | 四川省教育厅 |
| 68 | 2021 | 孙涛 | 2021年四川省高职院校大学生"朗讯杯"集成电路开发及应用技能大赛 | 省级 | 一等奖 | 四川省职业院校技能大赛组织委员会 |
| 69 | 2021 | 孙涛 | 第十一届全国大学生电子商务创新、创意及创业挑战赛四川赛区总决赛 | 省级 | 一等奖 | 全国大学生电子商务创新、创意及创业挑战赛竞赛组织委员会 |
| 70 | 2021 | 李国斌 | 蓝桥杯第十二届软件类Java软件开发大学C组 | 省级 | 一等奖 | 工业和信息化补人才交流中心 |
| 71 | 2021 | 肖寒 | 嵌入式技术应用开发 | 省级 | 三等奖 | 省教育厅 |
| 72 | 2021 | 肖寒 | 第十六届"挑战杯"四川省大学生课外学术科技 | 省级 | 二等奖 | 省教育厅 |
| 73 | 2021 | 钟晓娇 | 蓝桥杯电子类EDA与开发大学组 | 省级 | 一等奖 | 蓝桥杯大赛组委会 |
| 74 | 2021 | 张茂森 | 2021年四川省高职院校大学生集成电路开发及应用技能大赛 | 省级 | 一等奖 | 集成电路开发及应用技能大赛组委会 |
| 75 | 2021 | 姚越 | 2021年四川省高职院校大学生集成电路开发及应用技能大赛 | 省级 | 一等奖 | 集成电路开发及应用技能大赛组委会 |

### 9. 学生参加素质类竞赛获奖

| 序号 | 时间 | 获奖学生 | 获奖情况 | 授奖单位 |
|---|---|---|---|---|
| 1 | 2005 | 罗荣贵 | 四川省第四届大学生艺术节一等奖 | 四川省教育厅 |
| 2 | 2006 | 张 晋 | 全国星星火炬艺术人才大赛一等奖 | 共青团四川省委 |
| 3 | 2005 | 蒋益平 | 四川省第四届大学生艺术节二等奖 | 四川省教育厅 |
| 4 | 2005 | 林韵竹 | 四川省第四届大学生艺术节二等奖 | 四川省教育厅 |
| 5 | 2006 | 李 婷 | 全国星星火炬艺术人才大赛二等奖 | 共青团四川省委 |
| 6 | 2006 | 刘 艳 | 全国星星火炬艺术人才大赛二等奖 | 共青团四川省委 |
| 7 | 2006 | 李 静 | 全国星星火炬艺术人才大赛二等奖 | 共青团四川省委 |
| 8 | 2006 | 罗 胜 | 四川省大学生校园歌手大赛金奖 | 中共四川省委、四川省教育厅、四川省学生联合会 |
| 9 | 2006 | 罗 胜 | 全国大学生校园歌手大赛总决赛铜奖 | 共青团中央、教育部、全国学联 |
| 10 | 2007 | 杨紫琳 | 中华国际音乐艺术大赛一等奖 | 香港中华文化总会 |
| 11 | 2007 | 王奕蓉 | 中华国际音乐艺术大赛一等奖 | 香港中华文化总会 |
| 12 | 2008 | 夏 霜 | 第五届"星星火炬"中国青少年艺术英才推选活动二等奖 | 共青团四川省委 |
| 13 | 2008 | 杨紫琳 | 第二届"中华情"艺术风采国际交流展演活动一等奖 | 中华少年英才工作委员会 |
| 14 | 2008 | 杨紫琳 | 第二届"中华情"艺术风采国际交流展演活动一等奖 | 中华少年英才工作委员会 |
| 15 | 2008 | 王清华 | 全国星星火炬艺术人才大赛特金奖 | 共青团四川省委 |
| 16 | 2008 | 刘 兵 | 全国星星火炬艺术人才大赛一等奖 | 共青团四川省委 |
| 17 | 2008 | 黄 静 | 全国星星火炬艺术人才大赛二等奖 | 共青团四川省委 |
| 18 | 2008 | 刘 兵 | "珠江钢琴杯"全国大学生全能大赛第三名 | 国家教育部体育卫生与艺术教育司、教育部艺术教育委员会 |
| 19 | 2008 | 王清华 | 2008年国际音乐艺术大赛第一名 | 香港文化总署、香港艺术联会 |
| 20 | 2008 | 谢扬志 | 四川省第五届大学生艺术节一等奖 | 四川省教育厅 |

| 序号 | 时间 | 获奖学生 | 获奖情况 | 授奖单位 |
|------|------|----------|----------|----------|
| 21 | 2008 | 刘明菲 | 四川省第五届大学生艺术节一等奖 | 四川省教育厅 |
| 22 | 2008 | 叶 丹 | 四川省第五届大学生艺术节二等奖 | 四川省教育厅 |
| 23 | 2008 | 刘兵等 | 四川省第五届大学生艺术节二等奖 | 四川省教育厅 |
| 24 | 2008 | 雷平川 | 四川省第五届大学生艺术节二等奖 | 四川省教育厅 |
| 25 | 2009 | 胡璐丽等 | 四川省第五届大学生旅游艺术设计大赛银奖 | 四川省旅游局 |
| 26 | 2011 | 刘虹等 | 四川省第六届大学生艺术节一等奖 | 四川省教育厅 |
| 27 | 2011 | 郑 琼 赵 丹 | 四川省第六届大学生艺术节一等奖 | 四川省教育厅 |
| 28 | 2011 | 杨 军 王 丽 | 四川省第六届大学生艺术节二等奖 | 四川省教育厅 |
| 29 | 2011 | 龚亚兰 | 四川省第六届大学生艺术节三等奖 | 四川省教育厅 |
| 30 | 2011 | 杨丽锶 | 2011年全国排舞大赛普通院校集体规定一等奖 | 四川省高等职业技术学院体育协会 |
| 31 | 2013 | 郑小茜 | 第十届"未来之星"全国优秀特长生古筝青年组特等奖 | （文化部）中华社会发展基金会、（教育部）中国教育电视协会、中国关心下一代工作委员会、中国优秀特长推选活动四川组织委员会 |
| 32 | 2013 | 郑小茜 | 第十届"未来之星"全国优秀特长生二胡青年组特等奖 | （文化部）中华社会发展基金会、（教育部）中国教育电视协会、中国关心下一代工作委员会、中国优秀特长推选活动四川组织委员会 |
| 33 | 2013 | 李建梅 | 第十届"未来之星"全国优秀特长生绘画专业青年组特等奖 | （文化部）中华社会发展基金会、（教育部）中国教育电视协会、中国关心下一代工作委员会、中国优秀特长推选活动四川组织委员会 |
| 34 | 2014 | 刘浩等 | 四川省第七届大学生艺术节二等奖 | 四川省教育厅 |
| 35 | 2015 | 吴晓静等 | 全国第四届大学生艺术节国家一等奖 | 教育部 |
| 36 | 2015 | 龚虹玲 | 四川省大学生艺术大赛一等奖 | 四川省教育厅 |
| 37 | 2016 | 罗浪等 | "互联网+"大学生双创大赛铜奖 | 教育部 |
| 38 | 2017 | 杨述聪 | 第十四届"未来之星"艺术大赛金奖 | 中华文化发展基金会、中国关心下一代工作委员会公益文化中心、中国教育电视协会、中国特长生教育发展联盟 |
| 39 | 2017 | 唐 瑶 | 四川省第八届大学生艺术节展演二等奖 | 四川省教育厅 |

续表

| 序号 | 时间 | 获奖学生 | 获奖情况 | 授奖单位 |
|---|---|---|---|---|
| 40 | 2017 | 李香江等 | 四川省第八届大学生艺术节二等奖 | 四川省教育厅 |
| 41 | 2017 | 杨杰等 | 四川省第八届大学生艺术节二等奖 | 四川省教育厅 |
| 42 | 2017 | 钱灵垦 | 四川省第八届大学生艺术节二等奖 | 四川省教育厅 |
| 43 | 2017 | 高俊峰 | 第七届中国青少年艺术节绘画青年A组金奖 | 中国青少年艺术节组委会 |
| 44 | 2017 | 刘玉等 | 第六届高等职业院校田径运动会4x100米 第二名 | 四川省教育厅 |
| 45 | 2017 | 刘玉等 | 第六届高等职业院校田径运动会4x400米 第三名 | 四川省教育厅 |
| 46 | 2017 | 刘 玉 | 第六届高等职业院校田径运动会200米 第四名 | 四川省教育厅 |
| 47 | 2017 | 甘雨杭 | 第六届大学生田径运动会男子乙组4x100米项目第三名 | 四川省教育厅 |
| 48 | 2018 | 彭涛等 | 第四届四川省"互联网+"大学生创新创业大赛 铜奖 | 四川省教育厅 |
| 49 | 2018 | 陈茂林 | 第四届四川省"互联网+"大学生创新创业大赛 铜奖 | 四川省教育厅 |
| 50 | 2018 | 吕 磊 | 第四届四川省"互联网+"大学生创新创业大赛 铜奖 | 四川省教育厅 |
| 51 | 2018 | 曾鸿灏 | 四川省第三届大学生"学宪法讲宪法"演讲比赛片区赛第二名 | 四川省教育厅 |
| 52 | 2018 | 王春艳等 | 全国第五届大学生艺术展演一等奖 | 教育部 |
| 53 | 2018 | 李昊芮 | 十五届"星星火炬"全国特长生大赛一等奖 | 中华文化交流与合作促进会、中国少先队事业发展中心、中国少年先锋队红领巾艺术团、中国青少年艺术英才推选活动组委会 |
| 54 | 2018 | 庞 艳 | 第二届"我与警察蜀黍的故事"主题征文活动 三等奖 | 四川省公安厅、四川省教育厅 |
| 55 | 2018 | 袁文等 | 第四届中国高等职业院校健美操锦标赛全民健身操等级推广规定动作一等奖 | 中国大学生体育协会 |
| 56 | 2018 | 霍红秀等 | 第四届中国高等职业院校健美操锦标赛全民健身操五级有氧舞蹈一等奖 | 中国大学生体育协会 |
| 57 | 2018 | 杨俊英等 | 第四届中国高等职业院校健美操锦标赛全民广场健身操 一等奖 | 中国大学生体育协会 |
| 58 | 2019 | 刘凉余 | 四川省高职第七届省运会1500米第一名 | 四川省教育厅 |

| 序号 | 时间 | 获奖学生 | 获奖情况 | 授奖单位 |
|---|---|---|---|---|
| 59 | 2019 | 刘凉余 | 四川省高职第七届省运会优秀运动员 | 四川省教育厅 |
| 60 | 2019 | 雷霆可 | 四川省高职院校田径赛一等奖 | 四川省教育厅 |
| 61 | 2019 | 罗垠鑫 | 四川省第四届"学宪法，讲宪法"演讲比赛决赛 二等奖 | 四川省教育厅 |
| 62 | 2019 | 陈忠亮 | 2019年四川省高等职业院校大学生啦啦操及健身健美大赛《男子健体A组》第一名 | 四川省教育厅 |
| 63 | 2019 | 康 芹 | 第四届全国青少年书画艺术大展暨"文房印象杯"全国青少年书画网络选拔展高校组一等奖 | 中国国际书画艺术研究会教育培训中心 |
| 64 | 2019 | 陈 红 | 第二十二届CUBA中国大学生篮球三级联赛(四川基层赛)女子组二等奖、优秀运动员 | 四川省教育厅 |
| 65 | 2019 | 李福华 | 第二十二届CUBA中国大学生篮球三级联赛(四川基层赛)女子组二等奖、优秀运动员 | 四川省教育厅 |
| 66 | 2019 | 何明艳 | "百炼成钢"攀枝花工业题材美术作品展优秀奖（最高奖） | 四川省文联、攀枝花市委宣传部 |
| 67 | 2019 | 罗忆莲 | "百炼成钢"攀枝花工业题材美术作品展优秀奖（最高奖） | 四川省文联、攀枝花市委宣传部 |
| 68 | 2019 | 陈思琴等 | 四川省庆祝中华人民共和国成立70周年大学生艺术专场展演二等奖 | 中国四川省委教育工作委员会、四川省教育厅 |
| 69 | 2019 | 何灵城等 | 四川省庆祝中华人民共和国成立70周年大学生艺术专场展演二等奖 | 中国四川省委教育工作委员会、四川省教育厅 |
| 70 | 2019 | 张元媛 | 四川省高职院校"高教社杯"大学生英语口语技能大赛 二等奖 | 四川省教育厅 |
| 71 | 2019 | 何燕等 | 四川省高职院校学前教育专业学生能力大赛二等奖 | 四川省教育厅 |
| 72 | 2020 | 骆梦林 | 四川省第九届大学生艺术展演活动艺术表演类 舞蹈甲组 一等奖 | 四川省教育厅 |
| 73 | 2020 | 黄 惟 | 中国"互联网+大赛"铜奖 | 教育部、工信部、人社部等13个单位 |
| 74 | 2020 | 黄 惟 | 第六届四川省国际"互联网+"大学生创新创业大赛金奖 | 四川省教育厅 |

续表

| 序号 | 时间 | 获奖学生 | 获奖情况 | 授奖单位 |
|---|---|---|---|---|
| 75 | 2020 | 蒋华巧 | 四川省职业生涯规划大赛市二等奖 | 四川省人力资源和社会保障厅、四川省教育厅、四川省退役军人事务厅、四川省政府国有资产监督管理委员会、共青团四川省委、四川省残疾人联合会 |
| 76 | 2020 | 唐鑫玥 | 简历精英挑战大赛一等奖 | 全国应用型人才综合技能大赛组委会 |
| 77 | 2020 | 罗垠鑫 | 四川省第五届"学宪法，讲宪法"演讲比赛决赛(高校组)三等奖 | 四川省教育厅 |
| 78 | 2020 | 罗垠鑫 | 四川省第九届大学生艺术节 朗诵类《妈妈，我等了你二十年》 一等奖 | 四川省教育厅 |
| 79 | 2020 | 黄 磊 | 蜀道天合跆拳道第一名 | 蜀道天合赛事组织委员会 |
| 80 | 2020 | 陈翔等 | 全国第六届大学生艺术展演活动一等奖 | 教育部 |
| 81 | 2020 | 陈平顺等 | 四川省第九届大学生艺术节展演活动艺术表演类《小白花》 一等奖 | 四川省教育厅 |
| 82 | 2020 | 廖 隐等 | 四川省第九届大学生艺术展演活动 一等奖 | 四川省教育厅 |
| 83 | 2021 | 梁冬雪 | "川体集团杯"四川省第三届全民健身运动会暨"我要上全运"社区运动会地掷球比赛第一名 | 四川省体育局、四川省体育总会 |
| 84 | 2020 | 包照伟 | 四川省第九届大学生艺术展演活动一等奖 | 四川省教育厅 |
| 85 | 2020 | 鄢茂林等 | 四川省第九届大学生艺术展演活动二等奖 | 四川省教育厅 |
| 86 | 2020 | 计乃月等 | 四川省第九届大学生艺术展演活动二等奖 | 四川省教育厅 |
| 87 | 2020 | 贾璐鲜 | 四川省第九届大学生艺术展演活动三等奖 | 四川省教育厅 |
| 88 | 2020 | 郝彩凤等 | 四川省大学生艺术节《伞.缘》二等奖 | 四川省教育厅 |
| 89 | 2020 | 杨领航 | 全国大学生英语竞赛 特等奖 | 高等学校大学外语教学研究会 |
| 90 | 2020 | 罗银鑫等 | 四川省第八届大学生艺术节 一等奖 | 四川省教育厅 |
| 91 | 2020 | 常温馨等 | 四川省第九届大学生艺术展演活动 一等奖 | 四川省教育厅 |
| 92 | 2021 | 包照伟 | 全国第六届大学生艺术展演活动一等奖 | 德国爱乐音乐大赛组委会 |
| 93 | 2021 | 陈茂林 | 四川省首届"点亮生涯"大学生职业生涯规划大赛十佳选手 | 四川省人力资源和社会保障厅等6个单位 |

# 后　记

百年校史，百年梦想。办学之初，是为开蒙昧、强国家。今国运昌盛，民生繁荣，教育已从强国之技发展至"素质教育"的全新理念。学校随社会进步一路走来，见证了国运沧桑，写就了学校教育螺旋上升的发展史。本书汇聚了学院一个多世纪的精华篇章，是无数泸职人励精图治、奋发图强的缩影，是历代教职工自强不息、勤奋敬业的见证，是历届校友发愤苦读、立志成才的写照。泸职院的历史凝聚着辉煌的过去，必将激励后来者在这部史册上描绘更加辉煌的未来。

本书主编熊剑，副主编陈千百，编写者主要有熊剑、陈千百、姜波、喻维春、魏圣坤等。

本书的编写工作得到了学校各级领导和广大教职工的热情关怀和帮助。院长贺元成统筹读本的整体设计，对全书内容进行审核并亲自为本书撰写序言。其他校领导也对读本撰写提出了宝贵的意见并对内容进行审核。刘昭棠、陈登骏、曹澍、张文定、谢守清、曾宪思、夏汝林、杨德全等老领导、老同志为本书提供了大量珍贵史料，学校相关职能部门和教学系（院）为本书提供了丰富资料。在此，谨向他们致以诚挚的谢意。

由于学校教育几度兴废，由于时代变迁，兼之校址经多次搬迁，资料散佚颇多，所据历史资料有限，特别是20世纪20年代革命英烈史料查证甚为困难，加之编著者水平有限，读本之谋划与图文之安排，粗疏乃至舛误之处在所难免，我们亦为未能凸显学校悠久历史及前辈先贤之光辉业绩而深以为憾。在知名校长和知名校友部分，由于成就卓越的杰出人士甚多，无法一一记述又难以取舍，故仅对已经辞世的且有确切的史料的代表进行记述，敬请各校友理解谅鉴！

抚今思昔，弘宣往昔之盛绩，非为名声之远播；

继往开来，定创明日之辉煌，此乃我辈之理想！

愿泸职院之美名，传千秋而不摧；期泸职院之精神，承百代而煌煌！

泸州职业技术学院读本编写组

2012年11月

# 再版后记 ....................................................

　　《春华秋实一百载——泸州职业技术学院校史校情读本》2012年8月第一次出版，距今已过去九年。本书的出版发行，对社会各界了解泸州教育特别是师范教育的发展过程，了解川南革命斗争的历史，有普及作用；对学院师生员工了解学校的发展史、奋斗史，高举红色旗帜，继承弘扬校友的奋斗和奉献精神，起到了广泛的教育激励作用。

　　九年间，学校继续组织和加强对学校校史文化、红色文化和校友文化的挖掘、整理和研究，发现了第一版中的一些疏漏，此次再版进行了补充和修订。此外，过去的九年是学校砥砺奋进的九年、快速发展的九年，再版时也作了梳理和呈现。

　　由于各种原因，再版时对清末到民国段学校发展历史和人物记述仍有大量空白需要挖掘，仍有许多史实有待研究论证。此外，因为篇幅所限，学校近年成就也无法一一详述。这些都有待继续努力，不断完善。敬请全校师生、历届校友和社会各界批评指正。

　　本书再版工作得到了学校领导的大力支持，党委书记何杰对再版内容进行了全面审定并作序，其他校领导也对内容提出了修改意见。学校相关部门也为本书的再版提供了相关资料。赵香毅、孔祥坤、杨德全、周娜、曾庆双、王箭飞同志协助整理和核实了相关资料和数据，并对本书文字进行了校对。在此，谨向他们致以诚挚的谢意！

　　同时，还要特别感谢罗解难大姐。罗解难大姐的父亲罗霁是"八一"起义时贺龙第二十军特务营第一连连长（中华人民共和国成立后曾任江西省副省长），罗霁当时所在特务营营长是刘力劳，刘力劳曾于1920年至1923年在川南师范学习，是我校的校友。罗解难大姐

........................................................................................................

了解到这段历史，不辞辛苦亲自赶到泸州，将其父亲所著的《南昌起义亲历记》赠送给我们，详细讲述了刘力劳的革命历程，并叮嘱我们一定要把刘力劳革命烈士的光辉事迹记入校史中，让后人铭记其功绩，学习其精神。正是有许多像罗解难大姐一样的社会人士向我们提出意见和建议，指出存在的问题，为我们提供宝贵资料，读本的内容才更加准确和充实，特向他们表示诚挚谢意！

泸州职业技术学院读本编写组

2021年9月28日

# 参考文献

[1] 游瑞林.泸州市志[M].北京:方志出版社,1998.

[2] 任一民.四川近现代人物传 (第四辑) [M].成都:四川大学出版社,1987.

[3] 隗瀛涛,赵清.四川辛亥革命史料 (上、下) [M].成都:四川人民出版社.1981.

[4] 泸州师范学校校史资料编写组.川南师范 (现名泸州师范) 校史资料选辑.泸州师范,1981.

[5] 泸州师范学校校史资料编写组.泸州师范 (川南师范) 校史1901—1949[M].泸州师范.1991.

[6] 王文才.蜀中诗豪赵熙[A]//四川省文史馆等编.四川近现代文化人物续编[C].成都:四川人民出版社,1989.

[7] 王仲镛.赵熙集[M].成都:巴蜀书社,1996.

[8] 中共四川省委党史工作委员会编.泸顺起义[M].成都:四川省社会科学院出版社,1986.

[9] 川党史人物传[M].成都:四川省社会科学院出版社,1984.

[10] 张荣辉.朱德在泸县(1916—1920)[M].泸州:泸县文教局,1985.

[11] 谢荔.川南师范学堂与恽代英同志.四川文物,1985.

[12] 田子渝.恽代英传记[M].武汉:湖北人民出版社,1984.

[13] 金立人.恽代英教育思想研究[M].辽宁:辽宁教育出版社,1993.

[14] 凌兴珍.由改良到改造:五四前后恽代英教育思想变迁轨迹:兼论其对1921—1922年川南师范学校校务改革的贡献.[J]西南民族大学学报,2013.

[15] 黄霖.南昌起义亲历记[M].江西人民出版社,2010.

[16] 赵永康、刘启柏.泸州诗三百首[M].泸州:泸州市人民政府,1992.

[17] 内江市档案馆.内江历代书画名人.成都:四川大学出版社,2011.

[18] 四川名酒史丛书编委会.泸州老窖史话[M].成都:巴蜀出版社,1987.

[19] 胡兰畦.胡兰畦回忆录[M] 成都四川人民出版社,1985.

[20] 沈利,徐源松.巴蜀雄才——刘愿庵[J].成都大学学报.2012.

[21] 中国革命博物馆党史研究室.党史研究资料(3)[A].成都:四川人民出版社,1982.

[22] 刘宗灵, 马睿.中共早期地方组织发展过程中的困境与突破——以四川地区为例[J].电子科技大学学报, 2016.

[23] 蔡开炳, 王安嫱, 王锋.朱德在泸州的业绩及人格风范探析[J].泸州职业技术学院学报, 2013.

[24] 杨兆蓉.辛亥革命四川回忆录[J].近代史资料, 1958.

[25] 张海山.周善培与晚清警察之补述[J].文史杂志, 2009.

[26] 复元丞,小泉诸先生函.时评赵樾村先生宣慰川南之可贺[M].昆明:云南人民出版社, 1981.

[27] 林清全.恽代英在川南师范的革命活动[J].剑南文学月刊, 2009.

[28] 曾德孝.泸州佘俊英 萧方纪念碑修建始末[J].四川党史, 2011.

[29] 风雨云霞八十三载——四川省泸州师范学校简介[J].师范教育, 1985.

[30] 张清满.北伐战争时期的泸州起义[J].军事历史, 1987.

[31] 孙晓芬.滇人赵藩在川轶事[J].四川文物, 1992.

[32] 张海山.周善培事迹补正[J].红岩春秋, 2001.

[33] 李言璋.中共早期的无产阶级革命家余泽鸿[J].四川党史, 2003.

[34] 邓寿明.最早进入中央委员会的四川党的领导人刘愿庵[J].四川党的建设, 2004.

[35] 宋键.建党时期萧楚女在四川的革命活动[J].世纪桥, 2011.

[36] 王志刚, 柳作林.李求实的革命实践及其编辑思想[J].出版发行研究, 2015.

[37] 吴良春, 阮春华.曾润百, 让刘伯承牵挂的战友[N].泸州日报, 2011.